İnci Dirim/Katrin Hauenschild/Birgit Lütje-Klose/
Jessica M. Löser/Isabel Sievers (Hrsg.)

Ethnische Vielfalt und Mehrsprachigkeit an Schulen

Der Umgang mit sprachlicher und ethnischer Diversität ist eine Herausforderung, die noch nicht gemeistert wurde. Die Ergebnisse der PISA-Studien zeigen, dass in Deutschland und weltweit Schülerinnen und Schüler mit Migrationshintergrund nach wie vor schlechter abschneiden als Schülerinnen und Schüler ohne Migrationshintergrund.

Allerdings fällt auf, dass es verschiedenen Staaten unterschiedlich gut gelingt, Bildungsgerechtigkeit herzustellen. Inwiefern (mehrsprachige) Kinder mit Migrationshintergrund schulisch benachteiligt sind oder ihre Ressourcen produktiv genutzt werden, hängt im Wesentlichen von bildungs- und integrationspolitischen Voraussetzungen und Aktivitäten in den spezifischen nationalen Kontexten ab.

Die in diesem Band aufgeführten Beispiele aus Staaten Europas, Amerikas und Afrikas geben Einblicke in Chancen und Grenzen der Handhabung von ethnischer und sprachlicher Vielfalt an Schulen, so dass die Erfahrungen anderer Länder genutzt werden können. Die Beiträge zeigen unterschiedliche Perspektiven für den Ausgleich sozialer und sprachlicher Benachteiligung auf, ohne Probleme und Schwierigkeiten vorzuenthalten, und bieten Anregungen für Innovationen im Umgang mit Multikulturalität und Mehrsprachigkeit an deutschen Schulen.

Die Herausgeber:

İnci Dirim, Prof. Dr., Universität Hamburg, Fakultät für Erziehungswissenschaften, Psychologie und Bewegungswissenschaft, Sektion für Allgemeine, International und Interkulturell Vergleichende Erziehungswissenschaft.

Katrin Hauenschild, Prof. Dr., Universität Hildesheim, Institut für Grundschuldidaktik und Sachunterricht.

Birgit Lütje-Klose, Prof. Dr., Universität Bielefeld, Fakultät für Erziehungswissenschaft.

Jessica M. Löser, Wissenschaftliche Mitarbeiterin am Institut für Sonderpädagogik, Leibniz Universität Hannover.

Isabel Sievers, Koordinatorin des interdisziplinären Studien- und Forschungsbereichs Interpäd (Interkulturelle Pädagogik) an der Leibniz Universität Hannover.

İnci Dirim/Katrin Hauenschild/Birgit Lütje-Klose/
Jessica M. Löser/Isabel Sievers (Hrsg.)

Ethnische Vielfalt und Mehrsprachigkeit an Schulen

Beispiele aus verschiedenen nationalen Kontexten

Brandes & Apsel

Sie finden unser Gesamtverzeichnis mit aktuellen Informationen
im Internet unter: www.brandes-apsel-verlag.de
Wenn Sie unser Gesamtverzeichnis in gedruckter Form wünschen,
senden Sie uns eine E-Mail an: info@brandes-apsel-verlag.de
oder eine Postkarte an:
Brandes & Apsel Verlag, Scheidswaldstr. 22, 60385 Frankfurt a. M., Germany

Bildung in der Weltgesellschaft 1

wissen & praxis 149

1. Auflage 2008
© Brandes & Apsel Verlag GmbH, Frankfurt am Main
Alle Rechte vorbehalten, insbesondere das Recht der Vervielfältigung und
Verbreitung sowie der Übersetzung, Mikroverfilmung, Einspeicherung und
Verarbeitung in elektronischen oder optischen Systemen, der öffentlichen
Wiedergabe durch Hörfunk-, Fernsehsendungen und Multimedia sowie der
Bereithaltung in einer Online-Datenbank oder im Internet zur Nutzung
durch Dritte.
Korrektorat: Caroline Ebinger, Brandes & Apsel Verlag, Frankfurt am Main
Umschlag: Antje Tauchmann, Frankfurt am Main
DTP: Franziska Gumprecht, Brandes & Apsel Verlag, Frankfurt am Main,
Druck: Impress, d.d., Printed in Slovenia
Gedruckt auf säurefreiem, alterungsbeständigem und chlorfrei
gebleichtem Papier.

Bibliografische Information Der Deutschen Nationalbibliothek:
Die Deutsche Nationalbibliothek verzeichnet diese Publikation in der
Deutschen Nationalbibliografie; detaillierte bibliografische
Daten sind im Internet über http://dnb.ddb.de abrufbar.

ISBN 978-3-86099-349-1

Inhalt

Vorwort 7

İnci Dirim, Katrin Hauenschild, Birgit Lütje-Klose
Einführung:
Ethnische Vielfalt und Mehrsprachigkeit an Schulen 9

Beispiele aus außereuropäischen Staaten

Heike Niedrig
Südafrika: Schulerfolg und Sprachenpolitik in den Postapartheidschulen 25

Liliana Lazarte de Moritz
Bilinguale und interkulturelle Bildung in Peru 41

Jessica M. Löser
Der Settlement Worker in School
Ein kanadisches Unterstützungsmodell für Familien
mit Migrationshintergrund 55

Birgit Lütje-Klose, Christina Tausch
Mehrsprachige Kinder mit Migrationshintergrund
in amerikanischen Schulen
Die Language Policy Debatte und ihre Folgen 67

Beispiele aus europäischen Staaten

Andy Hancock
Language diversity and community cohesion:
the challenges for educationalists in multilingual Scotland 81

Eva Norén
Bilingual Mathematics Classrooms in Sweden   95

Ed Elbers
Zwischen Multikulturalität und Integration
Erfahrungen mit kultureller Diversität in niederländischen Schulen   107

Isabel Sievers
Frankreich: La Grande Nation und ihre Immigranten   119

Natalie Eckert, Andrea Young, Christine Hélot
Sprachliche und kulturelle Vielfalt als Ressource begreifen
Ein Language Awareness-Schulprojekt
an einer französischen Grundschule   129

Silja Peter
Schulischer Umgang mit der Zweisprachigkeit autochthoner
Minderheiten in Katalonien   145

Mehmet Canbulat
Multikulturalität an türkischen Schulen   155

Olga Frik
Ethnokulturelle Schulen in der russischen Hauptstadt   165

Quer gelesen

Jessica M. Löser, Birgit Lütje-Klose, Isabel Sievers
Quer gelesen: Migration und Mehrsprachigkeit im schulischen Kontext –
Ein international vergleichender Kommentar   179

Die Autorinnen und Autoren   191

Vorwort

Den Mitgliedern der 1985 gegründeten Arbeitsgruppe Interkulturelle Pädagogik (Interpäd) an der jetzigen Philosophischen Fakultät der Leibniz Universität Hannover ist es gelungen, die Bereiche Entwicklungspädagogik, Bildung für Nachhaltige Entwicklung und Interkulturelle Bildung in ihren wechselseitigen Perspektiven zusammen in Forschung, Lehre und gemeinsamen Projekten weiterzuentwickeln.

Die Bildungsfrage in der Migrationsgesellschaft und in ihrer Schlüsselbedeutung für die globale Entwicklung bildet den gemeinsamen Fokus, der nunmehr in einer neuen Reihe systematischer bearbeitet werden soll: Bildung in der Weltgesellschaft. Die gewählten Begriffe benennen einerseits die Klammer unserer Forschungsschwerpunkte (Bildung), wollen aber andererseits anzeigen, dass die Problemfelder von globaler Migration und Nachhaltiger Entwicklung trotz vielfältiger Interdependenzen nicht ineinander aufgehen.

Globale Migration und Integration der Migranten in den jeweiligen Ländern war der Gegenstand einer internationalen Ringvorlesung, die Interpäd im Wintersemester 2006/2007 an der Philosophischen Fakultät der Leibniz Universität Hannover veranstaltet hat. Die Ausgangsfragen waren:

- Warum haben deutsche Schülerinnen und Schüler mit Migrationshintergrund und jene aus unteren Sozialschichten in der PISA-Studie so schlechte Ergebnisse erzielt?
- Was machen die Länder, die bessere Ergebnisse vorweisen, anders?
- Sind strukturelle Barrieren entscheidend?
- Stellen die Elternhäuser die entscheidenden Weichen oder
- haben pädagogische Konzepte den maßgeblichen Einfluss?
- Liegt es an dem Umgang der Mehrheiten mit den Minderheiten eines Landes oder
- an anderen Faktoren, und wenn ja, an welchen?

Da wir eine gewisse Bandbreite von Beispielländern darstellen wollten, waren wir bestrebt, deren Zahl über die Ringvorlesung hinaus zu erweitern, so dass nunmehr Abhandlungen aus elf nationalen Kontexten vorgestellt werden können.

Wer selbst Erfahrungen hat sammeln können, was das Zauberwort von der »Internationalisierung der Forschung« in der Praxis bedeutet und welche Klippen und Sackgassen ein internationales Kooperationsprojekt zu überwinden hat, wird unsere Freude darüber nachvollziehen können, dass dieses Werk nun gedruckt der interessierten Leserschaft übergeben werden kann.

Wir hoffen, dass der Band Sie neugierig auf unsere Arbeit macht. Über Anregungen, Kritik und Rückmeldungen freuen wir uns.

Hannover, 1. November 2008 *Asit Datta und Harry Noormann*

İnci Dirim, Katrin Hauenschild, Birgit Lütje-Klose

Einführung:
Ethnische Vielfalt und Mehrsprachigkeit an Schulen

Der Umgang mit ethnischer und sprachlicher Vielfalt ist im Zuge der internationalen Schulleistungsuntersuchungen in Deutschland und in vielen anderen Staaten zu einer zentralen bildungspolitischen und erziehungswissenschaftlichen Frage geworden. Die internationalen Studien haben vor allem die Bildungsbenachteiligung von Schülerinnen und Schülern mit Migrationshintergrund offenkundig gemacht.

Die Ergebnisse der internationalen PISA-Studie, in der der Schulerfolg bzw. -misserfolg vor allem an den Kompetenzen in der jeweiligen Schulsprache festgemacht wird (vgl. Stanat/Christensen 2006), bestätigen erhebliche Leistungsnachteile von Schülerinnen und Schülern mit Migrationshintergrund. Nach den Daten des Statistischen Bundesamtes beendeten doppelt so viele ausländische wie deutsche Schülerinnen und Schüler im Jahr 2005 die Schullaufbahn ohne Abschluss, und 51% von ihnen erreichten keinen beruflichen Abschluss (vgl. Statistisches Bundesamt 2005). Darüber hinaus werden die in Deutschland seit Jahren wiederholt erzielten Untersuchungsergebnisse zur Überrepräsentation von Schülerinnen und Schülern mit Migrationshintergrund an Förderschulen bestätigt (vgl. Diefenbach 2004; Kornmann/Kornmann 2003).

Die Ergebnisse der anderen an der zweiten PISA-Studie beteiligten Staaten zeigen, dass Deutschland mit dem Problem des überproportional häufigen Schulversagens der Kinder und Jugendlichen mit Migrationshintergrund nicht allein steht: In den meisten PISA-Ländern finden sich deutlich niedrigere Testergebnisse für Schülerinnen und Schüler mit Migrationshintergrund im Hinblick auf Mathematik und Lesekompetenz. Zugewanderte Schülerinnen und Schüler der ersten Generation erreichen demnach in vielen Staaten zu über 40% nicht die grundlegenden Kompetenzen im Lesen und Schreiben (definiert als Nichterreichen der Stufe 2 der 5-stufigen Kompetenzskala) (vgl. Stanat/Christensen 2006, 9). Neben Deutschland trifft diese Sachlage z. B. auch auf Frankreich und Schweden zu. Allerdings unterscheidet sich die deutsche Situation von der der

Einführung

meisten anderen Staaten dadurch, dass hier auch die Schülerinnen und Schüler der zweiten Einwanderungsgeneration noch zu über 40% den Anforderungen der Kompetenzstufe 2 nicht genügen. Weltweit zeigen diese Schülerinnen und Schüler überwiegend zu einem weit größeren Anteil ein höheres Kompetenzniveau als die erste Generation: So ist in den USA unter Einbeziehung des Bildungsabschlusses der Eltern in der zweiten Generation fast kein Unterschied mehr zu Schülerinnen und Schülern ohne Migrationshintergrund festzustellen, und in anderen klassischen Einwanderungsländern wie Kanada und Australien schneidet diese Gruppe sogar besser ab als Schülerinnen und Schüler ohne Migrationshintergrund (vgl. Stanat/Christensen 2006, 9f.).

Allerdings spielen die sozioökonomischen Rahmenbedingungen für den Schulerfolg von Kindern und Jugendlichen mit Migrationshintergrund eine erhebliche Rolle. Auch dies zeigt sich in der PISA-Studie 2003: So haben die Eltern dieser Schülergruppe in den meisten europäischen Staaten und den USA im Durchschnitt einen geringeren wirtschaftlichen, sozialen und kulturellen Status als die Eltern von Schülerinnen und Schülern ohne Migrationshintergrund, weiterhin haben sie weniger Schuljahre absolviert. In Deutschland sind die Unterschiede zwischen den beiden Gruppen dabei am größten (vgl. Stanat/ Christensen 2006, 91). Diese Ergebnisse korrelieren hoch mit den erreichten Schulleistungen, allerdings bestehen hier erhebliche Unterschiede zwischen den einzelnen Bildungssystemen. In Deutschland ist der Zusammenhang zwischen sozioökonomischem Status der Familien und den Schulleistungen der Kinder wiederum im internationalen Vergleich am stärksten ausgeprägt: So ist die Chance, ein Gymnasium zu besuchen, in Deutschland für ein Kind aus dem höchsten sozioökonomischen Quartil 6,86 Mal höher als für ein Kind aus dem niedrigsten Quartil (vgl. Ehmke/Siegle/Hohensee 2005).

Für die Gruppe von Schülerinnen und Schülern, die die Förderschule mit dem Schwerpunkt Lernen besuchen und damit in der eklatantesten Weise von Bildungsbenachteiligungen betroffen sind, wird der Zusammenhang von sozioökonomischem Status und Schulleistungen in Deutschland durch eine Vielzahl von Studien bestätigt (vgl. Klein 2001; Koch 2004; Wocken 2007). Gerade in dieser Schulform sind Kinder mit Migrationshintergrund um mehr als das Doppelte überrepräsentiert (vgl. Kornmann/Kornmann 2003; Diefenbach 2004). Allein die Kinder und Jugendlichen ohne deutschen Pass stellen 15% aller Schülerinnen und Schüler dieser Schulform. Da Familien und damit auch Schülerinnen und Schüler mit Migrationshintergrund eklatant häufiger von Armut, Arbeitslosigkeit und sozialer Randständigkeit betroffen sind als Schülerinnen und Schüler ohne Migrationshintergrund (vgl. Konsortium Bildungsberichterstattung 2006, 2008), stellt dieser Zusammenhang eine gewichtige Erklärungshypothese für ihre Bildungsbenachteiligung dar. Auch in der PISA-Studie 2006 werden diese Ergebnisse bestätigt: »Der sozioökonomische Status, die Verfügbarkeit von Kulturgütern in der Familie und das Bildungsniveau der Eltern gelten dabei als bedeutsame Bedingungsfaktoren für die Kompetenzunterschiede [...]« (Walter/Taskinen 2007, 356). Die Auswertungen der PISA-Studie 2003 zeigen eine höhere Lernbereitschaft und positivere Einstellung der Schülerinnen und Schüler mit Migrationshintergrund zur Schule im Vergleich zu solchen ohne Migrationshintergrund (vgl. Stanat/Christensen 2006, 8). Diese Einstellung scheint allerdings leider bei Weitem nicht ausreichend, die oben genannten vielfältigen Probleme zu schultern.

Die angesprochenen gravierenden Unterschiede zwischen den verschiedenen Staaten im Hinblick auf die Bildungsbeteiligung und den Schulerfolg von Kindern und Jugendlichen mit Migrationshintergrund sind auch nach Analyse der PISA-Berichterstatter nur zum Teil durch den sozioökonomischen Hintergrund oder die Nutzung der Erstsprache als alleinige Familiensprache zu erklären. Vielmehr ist nach der Qualität der Schulsysteme allgemein im Hinblick auf die schulische und – speziell – sprachliche Förderung zu fragen. Das betrifft neben der Frage der Eignung der ergriffenen Maßnahmen und der für diese Maßnahmen in sehr unterschiedlichem Umfang zur Verfügung gestellten materiellen Ressourcen auch die Frage der Qualifikation des Lehrpersonals. Staaten, in denen die Leistungsunterschiede zwischen den Schülerinnen und Schülern mit und ohne Migrationshintergrund relativ gering sind oder der Leistungsabstand für die zweite Migrantengeneration deutlich kleiner ist als für die erste, weisen in der Regel fest etablierte Sprachförderprogramme mit relativ klar definierten Zielen und Standards auf (vgl. Stanat/Christensen 2006, 10f.). Deutlich wird, dass die beschriebene Problematik vielschichtig ist und dass ihre Ursachen weiterer Analysen bedürfen.

Da es den Schulsystemen in anderen Ländern den PISA-Ergebnissen zufolge deutlich besser gelingt als dem deutschen, bestehende soziale und sprachliche Benachteiligungen auszugleichen, lohnt sich der Quervergleich mit anderen nationalen Bildungssystemen in besonderer Weise. Nimmt man z. B. die klassischen Einwanderungsländer USA, Kanada oder auch die neuen Einwanderungsländer Schottland und Schweden (alle im vorliegenden Band mit verschiedenen Aspekten ihrer Bildungssysteme thematisiert) in den Blick, so fällt auf, dass dort in noch weit höherem Maße als in Deutschland in die diagnosegestützte Sprachförderung investiert wird (Konsortium Bildungsberichterstattung 2006, 166ff.), und dass in diesem Zusammenhang mit der Mehrsprachigkeit der Schülerinnen und Schüler unterschiedlich umgegangen wird.

In Deutschland konzentrieren sich die bildungspolitisch initiierten Maßnahmen in hohem Maße auf die Förderung von Deutsch als Zweitsprache, wobei Fragen nach der Berücksichtigung der Herkunftssprachen unterschiedlich bewertet werden. Derzeit werden der Entscheidung für oder gegen den Einbezug der Herkunftssprachen vor allem ökonomische und spracherwerbstheoretische Argumente zugrunde gelegt. Spracherwerbstheoretische Erkenntnisse verweisen auf miteinander zusammenhängende Entwicklungen zwischen den Sprachen eines Individuums (Cummins 2008). Das bedeutet, dass die Förderung der Erstsprachen positive Transfereffekte auf die zweitsprachliche Entwicklung erwarten lässt (August/Shanahan 2006). Daraus kann zwar kein linearer und kausaler Zusammenhang abgeleitet werden, allerdings wird der Sinn des Einbezugs der Herkunftssprachen in die Sprachförderung deutlich. Auch wenn in dieser Sichtweise den Herkunftssprachen lediglich eine »Hilfsfunktion« für den Erwerb des Deutschen zugesprochen wird und kein Bildungswert an sich, wird damit die Notwendigkeit belegt, die Sprachlichkeit der mehrsprachigen Kinder auf dem Weg des Erwerbs der Unterrichtssprache Deutsch ganzheitlich zu betrachten und zu fördern. Untersuchungen aus den USA zeigen, dass die besten Ergebnisse erzielt werden, wenn in Two-Way-Immersion-Modellen die Sprache der Mehrheit und eine Minderheitensprache über einen langen Zeitraum hinweg miteinander verzahnt unterrichtet werden (Reich/Roth u. a. 2002, 37f.). Die Gegner einer zweisprachigen Bildung hingegen lehnen dies mit dem Argument der zeitlichen Belastung von Schülerinnen und Schülern und aus ihrer Perspektive fraglichen Verwertung herkunftssprachlicher Kompetenzen auf dem Arbeitsmarkt ab (Hopf 2005; Esser 2006). Integrationstheoretische Modelle werden herangezogen, um die Nutzlosigkeit mehrsprachiger Bildung zu untermauern (Esser 2006). Diese Diskussion unterliegt der Problematik bestehender Machtverhältnisse, die sehr selten reflektiert werden (vgl. Mecheril/Quehl 2006). In der Diskussion über die Tauglichkeit von Modellen sprachlicher Bildung werden solche zweisprachigen Schulen, in denen Schülerinnen und Schüler neben dem Deutschen in einer der sogenannten »Weltsprachen« Französisch und Englisch unterrichtet werden, kaum in Frage gestellt (vgl. Wode 1994). Obwohl es um sprachliche Bildung geht, verlaufen zwei Diskussionslinien nebeneinander: Elitebilingualismus mit Sprachen wie Englisch oder Französisch einerseits und Bilingualismus von Kindern mit Migrationshintergrund mit Minderheitensprachen andererseits, wobei die Urteile über den Erfolg der Programme offenbar nach unterschiedlichen Wertmaßstäben gefällt werden: Englischunterricht ab Klasse 1 oder Fachunterricht auf Englisch bereits in der Grundschule sind allgemein akzeptiert. Es kann der Eindruck entstehen, dass der Erwerb mehrerer Sprachen eher Kindern der Mehrheit zusteht und nicht Migrantenkindern.

Generell lässt sich sagen, dass in der deutschen erziehungswissenschaftlichen Debatte derzeit die Gegner mehrsprachiger Bildung für Migrantenkinder bzw. des Einbezugs der Herkunftssprachen in die Deutschförderung zu dominieren scheinen. In der Praxis kann eine Konzentration von Deutschfördermaßnahmen vor allem im vorschulischen Bereich beobachtet werden, die im Laufe der Grundschulzeit deutlich abnehmen (vgl. Lütje-Klose 2008; Koch 2008). Einzelne Projekte und Modellversuche erproben Konzepte einer mehrsprachigen Bildung, sie stellen aber Ausnahmen dar, z. B. der Schulversuch Bilinguale Grundschule in Hamburg (vgl. u. a. Roth/Neumann/Gogolin 2007). Das BLK-Programm FörMig (BLK-Programm Förderung von Kindern und Jugendlichen mit Migrationshintergrund, s. http://www.blk-foermig.uni-hamburg.de/) scheint geeignet, eine ressourcenorientierte Perspektive auf Mehrsprachigkeit großflächiger in die Praxis einzubringen. In einem wenig wertschätzenden Klima erscheinen die Herkunftssprachen allerdings zuweilen sogar als Störfaktor, so dass sich Schulen mitunter für eine strikte Unterbindung ihres Gebrauchs auch in Pausensituationen entscheiden. Dieser Eingriff in die Privatsphäre von Kindern und Jugendlichen, der als Sprach- oder sogar in gewisser Hinsicht Sprechverbot interpretiert werden kann, wird mit dem Begriff »Sprachgebot« verschleiert und damit begründet, dass die alleinige Verwendung des Deutschen auf Pausenhöfen sowohl der Einhaltung von Höflichkeitsregeln unter den Schülerinnen und Schülern diene als auch der Entwicklung ihrer Deutschkompetenzen. Dass zu derart drastischen Maßnahmen gegriffen werden muss, spricht für die Hilflosigkeit im pädagogischen Umgang mit sprachlicher Vielfalt.

Die Sprachfördermaßnahmen in den oben genannten Staaten sind im Vergleich zur geschilderten Situation in Deutschland nicht nur weitaus umfangreicher und vielfältiger, sie zeichnen sich auch dadurch aus, dass sie sich auf die gesamte Schulzeit sowie die Übergangsphase zum Beruf erstrecken. Damit entsprechen diese Maßnahmen der empirischen Erkenntnis, dass der (Zweit-)Spracherwerb ein mehrjähriger Prozess ist, der langfristig unterstützt werden muss, um Bildungsbenachteiligungen zu vermeiden (vgl. Reich/Roth u. a. 2002, 41).

Als ein weiterer Bezugsrahmen der pädagogischen Arbeit mit Kindern und Jugendlichen zeigt sich in einigen Ländern das Feld der »Kultur«. In Deutschland besteht eine in die Anfänge der Arbeitsmigration nach dem Zweiten Weltkrieg zurückreichende Tradition, Unterschiede in der Bildungsbeteiligung mit kulturellen Differenzen zu erklären. Dabei wurden jahrelang häufig als »anders« empfundene kulturelle Praktiken fokussiert; diese Eigenschaften wurden zu Bildern von Kultur verdichtet, die dazu genutzt wurden, auf eine essentialisierende Weise den Nachweis für unüberbrückbare Differenzen zwischen Schule und Elternhaus zu erbringen. Die Konzentration auf kulturelle Differenzen konnte auch dazu dienen, die Schwierigkeiten des Bildungssystems mit der erfolgreichen Integration von Kindern mit Migrationshintergrund zu verschleiern oder sogar zu »rechtfertigen« und damit das Bildungssystem und seine Akteure zu entlasten: Bestehende Differenzen wurden zu Lasten von Migrantenfamilien ausgelegt und kulturelle Eigenschaften als Bildungshindernisse dargestellt. Vordergründig »ausländerfreundlich« erscheinende kulinarisch-folkloristische Veranstaltungen an Schulen dienten letztlich oft nur dazu, die bestehenden Vorurteile zu untermauern, bestenfalls oberflächliche Lösungsversuche anzubieten und voneinander strikt getrennte Gruppierungen zu konstruieren. Damit fand keine ausreichende Auseinandersetzung mit den angesprochenen Problematiken um Migrantenkinder statt und Fragen der Didaktik, der Methodik, der Qualifikation von Lehrkräften sowie der Diskriminierung von Kindern mit Migrationshintergrund wurden oft nur unzureichend reflektiert (vgl. zur Analyse der »institutionellen Diskriminierung« im deutschen Bildungssystem Gomolla/Radtke 2002). Diese konstruierten Bilder von Kultur haben den Bildungserfolg von Schülerinnen und Schülern mit Migrationshintergrund nicht verbessert, sondern vielmehr Vorurteile und Stereotype gefördert (vgl. Krüger-Potratz 2005, 203f.). Sprache und Kultur stellen also – trotz der oben diskutierten Erkenntnis, dass sozioökonomische Aspekte im Hinblick auf den Bildungserfolg mindestens eine ebenso wichtige Rolle spielen – nach wie vor Eckpfeiler der Debatten um den Schulerfolg von Kindern und Jugendlichen dar. Letztlich wurden Differenzen zwischen den Erwartungen und Haltungen der deutschen Schule auf der einen Seite und den Migrantenfamilien in Deutschland auf der anderen Seite jahrelang auf eine spezifische Art und Weise diskutiert, so dass »die Differenz zwischen Schülern und Schülerinnen mit und ohne Migrationshintergrund so [fortgeschrieben wurde], dass der Umstand des Migrationshintergrundes als Nachteil für gesellschaftliche Teilhabe bestätigt [wurde]« (vgl. Mecheril 2004, 72).

Das Scheitern des lange tradierten Verständnisses von Kultur und kultureller Differenz als Referenz für die Erklärung der Unterschiede in der Bildungsbeteiligung zwischen Schülerinnen und Schülern mit und ohne Migrationshintergrund hat schließlich in Deutschland dazu geführt, nach neuen Wegen und Konzepten auf diesem Feld zu suchen, z. B. mit der Vorstellung der »Transkultur«, in der verschiedene kulturelle Orientierungen zu einem übergeordneten Neuen verschmelzen (vgl. z. B. Bolscho/Hauenschild 2008). Die Kulturdebatte in Deutschland ist derzeit damit an einem existentiellen Punkt angekommen, an dem sich die Frage stellt, ob es möglich sein wird, dieses Konzept in Bildungskontexten anders und zwar ressourcenorientiert und -aktivierend zu nutzen. Der Blick in andere Länder, vor allem nach Kanada, zeigt allerdings, dass dort das Konzept »Kultur« im Umgang mit ethnischer und sprachlicher Vielfalt als gemeinhin akzeptierte Referenzgröße gilt. Das gute Abschneiden dieses Staates in den PISA-Studien macht darauf neugierig, wie dieser Begriff dort verwendet, operationalisiert und tradiert wird. Auch in anderen Staaten finden sich interessante Projekte, in denen die verschiedenen Familienkulturen zum Bildungsprojekt gemacht werden, z. B. in Frankreich, aus dem im vorliegenden Band ein Schulprojekt vorgestellt wird.

In Deutschland scheint allerdings – und damit wäre eine andere Dimension der Problematik angesprochen – nach den Ergebnissen der PISA-Studien eine Zeit angebrochen, in der vermehrt mess- und quantifizierbare Aspekte von Bildung in Augenschein genommen werden. Es besteht die Gefahr einer eingeschränkten Rationalität, mit der alles, was nicht sehr direkt »verbuchbar« erscheint (z. B. der langfristige Förderprozess von Herkunftssprachen) Gefahr läuft, unberücksichtigt zu bleiben. Die Quantifizierung von Bildungserfolgen wird der Qualität von Bildung aber nur dann gerecht, wenn sie durch tiefere Einblicke in Bildungsprozesse ergänzt wird. Ein exemplarisches Feld, auf dem diese Problematik besonders stark sichtbar wird, ist das der Sprachstandsdiagnostik. So sehr es wichtig erscheint, handhabbare Instrumente für die Fundierung der Sprachförderung zu konstruieren, ist es aus unserer Sicht genauso wichtig, an der pädagogischen Haltung zur Sprachstandsdiagnostik und der Einbettung der Instrumente in ein umfassendes pädagogisches Handlungskonzept zu arbeiten, die eine angemessene Umgangsweise mit den Instrumenten erst ermöglicht (vgl. Dirim/Lütje-Klose/Willenbring 2008).

Einführung

Wir greifen damit ein Problemfeld auf, das wir hier nur in einigen wenigen Aspekten ausleuchten können: Mit dem Trend zur output-, Kompetenz- und Effizienzorientierung im deutschen Bildungssystem läuft der bildungspolitische und erziehungswissenschaftliche wie auch öffentliche Diskurs um den schulischen Umgang mit ethnischer und sprachlicher Vielfalt Gefahr, hinter den aktuellen Diskussionsstand Interkultureller Pädagogik zurückzufallen und defizit- und differenzbetonte Argumente (wieder) in den Vordergrund zu spielen. Innovative Konzepte, die auf ressourcenorientierte, lebensweltbezogene, individualisierende und kontextualisierende Bildungsprozesse setzen, drohen zugunsten einer »Sonder«-Pädagogik für eine bedürftige Minderheitengruppe aus dem Blick- und Handlungsfeld zu geraten. Nach nunmehr fast 40 Jahren andauernden Debatten um Migration, Integration und Bildung scheint der Umgang mit Mehrheiten und Minderheiten noch nicht hinreichend geklärt. Dass Deutschland ein durch Zu- und Abwanderung gekennzeichnetes Land ist, wird zunehmend akzeptiert. Dass jedoch soziokulturelle Vielfalt und Heterogenität auf allen gesellschaftlichen Ebenen Merkmale sind, findet nach wie vor nicht flächendeckend Anerkennung. Und dass Kinder seit Jahrzehnten dauerhaft in Deutschland lebender Familien mit Migrationshintergrund im und durch das Bildungssystem benachteiligt sind, muss bisherige Integrationsbemühungen grundlegend in Frage stellen.

Unser Anliegen ist es daher, mit verschiedenen Beispielen aus unterschiedlichen nationalen Kontexten Chancen und Grenzen, Möglichkeiten und Hindernisse für den Umgang mit kultureller und sprachlicher Vielfalt an Schulen zu thematisieren, zu illustrieren und in die wissenschaftliche Diskussion einzubringen. Daran schließt die Frage der Nützlichkeit von bestimmten Vorgehensweisen an, nach den »Highlights«, von deren Kenntnis andere Bildungssysteme profitieren können. Da die Voraussetzungen und Bedingungen in den einzelnen Staaten und teils auch innerhalb dieser Staaten unterschiedlich sind, schlagen wir zunächst vor, von nationalen Kontexten zu sprechen. Damit möchten wir die Differenzen innerhalb von föderalistischen Nationalstaaten, aber auch einzelne Projekte innerhalb von zentralistischen Nationalsaaten auf der begrifflichen Ebene berücksichtigen, auf die immer die Verfasstheit des jeweiligen Nationalstaates als Rahmen einwirkt. Erfolgreiche Maßnahmen aus unterschiedlichen nationalen Kontexten können nicht direkt auf den bundesdeutschen Kontext übertragen werden. Die Rezeption der Erfolgsbedingungen muss mit einer sorgfältigen Kontextanalyse einhergehen, die sich auch auf das zugrunde gelegte Verständnis von Migration, Integration und Bildung, auf bildungspolitische Rahmungen, auf gesellschaftliche Erwartungen oder auf individuelle Erfahrungen von Lehrkräften im Umgang mit sprachlicher und ethnischer Vielfalt an Schulen erstreckt.

Diese erziehungswissenschaftlichen Probleme waren im Wintersemester 2006/2007 Gegenstand einer Ringvorlesung der Arbeitsgruppe Interkulturelle Pädagogik der Universität Hannover. Die Sitzungsbeiträge aus verschiedenen Ländern wurden durch weitere Berichte ergänzt und liegen mit diesem Sammelband nun als Publikation vor. In allen Beiträgen wird auf den bildungspolitischen Umgang mit allochthoner und autochthoner sprachlich-kultureller Heterogenität eingegangen; die gewählten Schwerpunkte zeugen von den unterschiedlichen Interessen und Zugängen der Autorinnen und Autoren. Sie sind aber auch ein Ergebnis der unterschiedlichen Zielsetzungen und Voraussetzungen der einbezogenen nationalen Kontexte. Entstanden sind qualitative Einblicke, die dem interessierten Publikum einen Blick »über den eigenen Tellerrand hinaus« ermöglichen.

Der Band versammelt vorwiegend Beiträge aus Europa, aber auch die Beispiele aus anderen Kontinenten geben uns auf unterschiedlichen Ebenen Einblicke in den Umgang mit ethnischer Vielfalt und Mehrsprachigkeit an Schulen: Es werden sowohl Hindernisse aufgezeigt und Probleme diskutiert als auch gelungene Beispiele beschrieben und neue Perspektiven eröffnet.

Heike Niedrig berichtet in ihrem Beitrag zu Südafrika von einer Integrationspolitik, die angesichts der spezifischen historischen Entwicklungen die Förderung von Mehrsprachigkeit im Bildungssystem auf programmatischer Ebene ausdrücklich befürwortet. Dass die Umsetzung in der Praxis hinter dem bildungspolitischen Willen zurückbleibt, führt sie auf unausgehandelte Über- und Unterordnungsverhältnisse, auf Machtkonflikte zurück, denen im Bildungssystem nur mit der Gleichberechtigung verschiedener Sprachen in einer »Doppelstrategie« begegnet werden könne.

Mit dem Verhältnis von sprachlichen Minderheits- und Mehrheitskonflikten setzt sich auch *Liliana Lazarte de Moritz* in ihrem Beitrag zu Peru auseinander. Sie beschreibt die Benachteiligungen von Schülerinnen und Schülern mit indigener Sprache – obwohl auf bildungspolitischer Ebene Programme zur »bilingualen interkulturellen Bildung« seit fast einem Jahrzehnt vorangetrieben werden.

Jessica M. Löser stellt demgegenüber ein gelungenes Beispiel integrativer Bildungspolitik aus Kanada – als einem klassischen Einwanderungsland – vor, bei dem staatliche Regulationen erfolgreich umgesetzt werden. Sie beschreibt den »Settlement Worker in School« als ein praktisches Unterstützungssystem für Familien mit Migrationshintergrund.

Ebenso wie Kanada sind die USA durch Einwanderung geprägt. Im Beitrag von *Birgit Lütje-Klose* und *Christina Tausch* werden am Beispiel Kaliforniens Probleme des Umgangs mit ethnischer Vielfalt vor allem im Hinblick auf den schulischen Umgang mit Mehrsprachigkeit diskutiert. Sie beschreiben die Folgen des Prinzips »English only«, das bilinguale Modelle zunehmend in den Hintergrund drängt.

Vergleichbare Beispiele problematischer wie auch gelungener Integrations- und Bildungspolitik sind im *europäischen Raum* zu finden: Während *Andy Hancock* aus Schottland von Problemen durch die mangelnde Unterstützung mehrsprachiger Schülerinnen und Schüler berichtet, zeigen *Eva Norén* für Schweden und *Ed Elbers* für die Niederlande (kritisch) konstruktive Umsetzungsmöglichkeiten auf.

Die Beispiele aus Frankreich dokumentieren zweierlei: *Isabel Sievers* beschreibt die gesellschaftspolitischen Schwierigkeiten, die aus den politischen Trends hin zu einer quasi »sprachlichen und kulturellen Einheitspolitik« unter dem Vorzeichen der égalité erwachsen. Wie diesen gesellschaftlichen Herausforderungen begegnet werden kann, zeigen *Natalie Eckert, Christine Hélot* und *Andrea Young* in ihrem Bericht über ein Grundschulprojekt im elsässischen Didenheim, bei dem Lehrerinnen und Lehrer in Kooperation mit Eltern einen ressourcenorientierten Ansatz zum Umgang mit sprachlicher und kultureller Heterogenität in Anlehnung an das Konzept »Awareness of Language« nach Hawkins umgesetzt und ausgestaltet haben.

Die Situation in Spanien ist vielschichtiger: *Silja Peter* beschreibt in ihrem Beitrag, wie in Katalonien eine zurückgedrängte Sprache (Katalanisch) durch politische Initiativen bis hin zur Anerkennung als Amtssprache gefördert und als Unterrichtssprache durchgesetzt wurde. Negative Folgen ergeben sich inzwischen für Kinder aus Familien, die die vormalige Amtssprache (Kastilisch) sprechen und jetzt zur sprachlichen Minderheit zu werden drohen.

Daran schließen die Beiträge von *Mehmet Canbulat* aus der Türkei und *Olga Frik* aus Russland an: Während sich Mehmet Canbulat generell mit Demokratisierungstendenzen in der Türkei im Spannungsverhältnis von »Homogenisierung« und Anerkennung von Multikulturalität in Leben und Schule auseinandersetzt, zeigt Olga Frik auf, wie über staatliche Initiativen Wege zum gelungenen schulischen Umgang mit ethnischer Vielfalt durch die Einführung »ethnokultureller Schulen« gegangen werden können.

Mit der Darstellung von Beispielen für den Umgang mit ethnischer Vielfalt und Mehrsprachigkeit an Schulen aus außereuropäischen und europäischen Nationen hoffen wir, Anregungen für konstruktive Lösungen im (bildungs-)politischen Diskurs um die Auseinandersetzungen mit kultureller Diversität und Heterogenität zu geben und zur Akzeptanz ethnischer Vielfalt in Alltag und Schule beizutragen.

Literatur

August, D./Shanahan, T. (Hrsg.) (2006): Developing literacy in second-language learners. Mahwah, NJ: Lawrence Erlbaum Associates

Bolscho, D./Hauenschild, K. (erscheint 2008): Interkulturalität und Transkulturalität. Überlegungen zu Perspektiven für Bildung. In: Dirim, İ./Mecheril, P. (Hrsg.): Migration und Bildung. Soziologische und erziehungswissenschaftliche Schlaglichter. Münster: Waxmann

Cummins, J. (2008): Total Immersion or Bilingual Education? Findings of International Research on Promoting Immigrant Children's Achievement in the Primary School. In: Ramseger, J./Matthea, W. (Hrsg.): Chancenungleichheit in der Grundschule. Ursachen und Wege aus der Krise. Wiesbaden: VS, 45-56

Diefenbach, H. (2004): Bildungschancen und Bildungs(miss)erfolg von ausländischen Schülern aus Migrantenfamilien im System schulischer Bildung. In: Becker, W./Lauterbach, H. (Hrsg.): Bildung als Privileg? Wiesbaden: VS, 225-249

Dirim, İ./Lütje-Klose, B./Willenbring, M. (erscheint 2008): Dialogische Sprachstandsdiagnostik für mehrsprachige Kinder in der Grundschule. Eine exemplarische Veranschaulichung. In: Dirim, İ./Mecheril, P. (Hrsg.): Migration und Bildung. Soziologische und erziehungswissenschaftliche Schlaglichter. Münster: Waxmann

Ehmke, T./Siegle, T./Hohensee, F. (2005): Soziale Herkunft im Ländervergleich. In: Prenzel, M./Baumert, J./Blum, W./Lehmann, R./Leutner, D./Neubrand, M./Pekrun, R./Rost, J./Schiefele, U./Deutschland, P.-K. (Hrsg.): PISA 2003. Der zweite Vergleich der Länder in Deutschland – Was wissen und können Jugendliche? Münster: Waxmann, 233-264

Esser, H. (2006): Migration, Sprache und Integration. Frankfurt a. M./New York: Campus Verlag

Gomolla, M./Radtke, F.-O. (2002): Institutionelle Diskriminierung. Die Herstellung ethnischer Differenz in der Schule. Opladen: Leske + Budrich

Hopf, D. (2005): Zweisprachigkeit und Schulleistung bei Migrantenkindern. In: Zeitschrift für Pädagogik, Jg. 51, 236-251

Klein, G. (2001): Sozialer Hintergrund und Schullaufbahn von Lernbehinderten/Förderschülern 1969 und 1997. In: Zeitschrift für Heilpädagogik, 52 (2), 51-61

Koch, K. (2004): Die soziale Lage der Familien von Förderschülern – Ergebnisse einer empirischen Studie. Teil I: Sozioökonomische Bedingungen. In: Sonderpädagogische Förderung, 49 (2), 181-200. Teil 2: Sozialisationsbedingungen in Familien von Förderschülern. In: Sonderpädagogische Förderung Heft 49 (4), 411-427

Koch, K. (2008): Zweitspracherwerb von Grundschulkindern nichtdeutscher Herkunftssprache im Kontext institutioneller Unterstützungsleistungen (ZwerG). Göttingen (Habilitationsschrift)

Konsortium Bildungsberichterstattung (2006): Bildung in Deutschland. Ein indikatorengestützter Bericht mit einer Analyse zu Bildung und Migration. Bielefeld: Bertelsmann

Konsortium Bildungsberichterstattung (2008): Bildung in Deutschland 2008. Ein indikatorengestützter Bericht mit einer Analyse zu Übergängen im Anschluss an den Sekundarbereich I. Bielefeld: Bertelsmann

Kornmann, R./Kornmann, A. (2003): Erneuter Anstieg der Überrepräsentation ausländischer Kinder in Schulen für Lernbehinderte. In: Zeitschrift für Heilpädagogik, 54, 286-289

Krüger-Potratz, M. (2005): Interkulturelle Bildung. Eine Einführung. Münster: Waxmann

Lütje-Klose, B. (erscheint 2008): Prävention von Sprach- und Lernstörungen bei mehrsprachigen Kindern mit Migrationshintergrund. Ausgewählte Ergebnisse eines Forschungsprojekts zur vorschulischen Sprachförderung. In: Dirim, İ./Mecheril, P. (Hrsg.): Migration und Bildung. Soziologische und erziehungswissenschaftliche Schlaglichter. Münster: Waxmann

Mecheril, P. (2004): Einführung in die Migrationspädagogik. Weinheim: Beltz

Mecheril, P./Quehl, Th. (2006): Sprache und Macht. Theoretische Facetten eines (migrations-)pädagogischen Zusammenhangs. In: Mecheril, P./Quehl, Th. (Hrsg.): Die Macht der Sprachen. Englische Perspektiven auf die mehrsprachige Schule. Münster: Waxmann, 355-383

Reich, H./Roth, H. J. u. a. (2002): Spracherwerb zweisprachig aufwachsender Kinder und Jugendlicher. Ein Überblick über den Stand der nationalen und internationalen Forschung. Hamburg: Behörde für Bildung und Sport

Roth, H.-J./Neumann, U./Gogolin, I. (2007): Schulversuch Bilinguale Grundschulklassen in Hamburg. Bericht 2007. Abschlussbericht über die italienisch-deutschen, portugiesisch-deutschen und spanisch-deutschen Modellklassen. http://www2.erzwiss.uni-hamburg.de/institute/interkultur/Bericht_2007.pdf (04.09.2008)

Stanat, P./Christensen, G. (2006): Schulerfolg von Jugendlichen mit Migrationshintergrund im internationalen Vergleich. Berlin: OECD/BMBF, Bildungsforschung Band 19

Walter, O./Taskinen, P. (2007): Kompetenzen und bildungsrelevante Einstellungen von Jugendlichen mit Migrationshintergrund in Deutschland: Ein Vergleich mit ausgewählten OECD-Staaten. In: PISA-Konsortium (Hrsg.): PISA 2006. Die Ergebnisse der dritten internationalen Vergleichsstudie. Münster u. a.: Waxmann, 337-366

Werning, R./Löser, J. M./Urban, M. (2008): Cultural and Social Diversity: An Analysis of Minority Groups in German Schools. The Journal of Special Education. 42, 47-54

Wocken, H. (2007): Fördert Förderschule? Eine empirische Rundreise durch Schulen für »optimale Förderung«. In: Demmer-Dieckmann, I./Textor, A. (Hrsg.): Integrationsforschung und Bildungspolitik im Dialog. Bad Heilbrunn: Klinkhardt, 35-59

Wode, H. (1994): Bilinguale Unterrichtserprobung in Schleswig-Holstein. Kiel: I & f Verlag

Beispiele aus außereuropäischen Staaten

Heike Niedrig

SÜDAFRIKA: SCHULERFOLG UND SPRACHENPOLITIK IN DEN POSTAPARTHEIDSCHULEN

Südafrika als Migrationsgesellschaft

Die für die Geschichte des modernen Südafrikas entscheidenden Einwanderungswellen waren zunächst im 17. Jahrhundert die Ansiedlung vorwiegend holländischer Einwanderer im Umkreis eines Handelsstützpunktes der Dutch East Indian Company am Kap, dann zu Beginn des 19. Jahrhunderts die britische Besatzung und die darauf folgende Kolonialisierung des nördlichen Landesinneren. Die Politik der »Rassensegregation«, die von der afrikaanssprachigen »Nationalen Partei« nach ihrem Wahlsieg 1948 implementiert wurde, konnte auf bereits in der Kolonialära fest etablierte rassistische Strukturen aufbauen. So erzwang der für die Apartheid grundlegende »Population Registration Act« von 1950 die Klassifizierung der gesamten Bevölkerung nach vier »Rassenkategorien«. In der Reihenfolge ihrer relativen Privilegierung unter der Apartheid waren dies: »White«, »Asiatic« (»Indian«), »Coloured« und »Native« (später »Bantu« oder »African«):

- Als »White« galt eine Person »rein« europäischer Abstammung, heller Hautfarbe.
- Als »Indian« wurden die Nachfahren indischer Kontraktarbeiter und Kaufleute klassifiziert, die sich ab 1860 in Südafrika ansiedelten; die Bezeichnung »Asiatic« diente dazu, Nachfahren anderer Einwanderer aus dem asiatischen Raum, vor allem aus China, mitzuerfassen.
- Der Begriff »Native« (Eingeborener) für die ansässige Bevölkerung dunkler Hautfarbe wurde als stigmatisierend abgelehnt und im Laufe der Zeit erst durch den Begriff »Bantu«, dann durch die Bezeichnung »African« ersetzt. Häufig ist zudem von »Blacks« (»Schwarzen«) die Rede.
- Unter die Kategorie »Coloureds« (»Farbige«) schließlich wurden Personen gefasst, die sich den anderen »Gruppen« nicht ohne weiteres zu-

ordnen ließen. Historisch lässt sich dieser Begriff auf die Abschaffung der Sklaverei am Kap (1834-38) zurückführen: Die Aufhebung der soziostrukturellen Unterscheidung zwischen einer ethnisch sehr heterogenen Sklavenbevölkerung und den proletarisierten Khoi-Nachfahren der Kapkolonie führte zur Sammelbezeichnung »Coloureds« – in Abgrenzung zu »White« und »Native« (Worden 1994, 68; siehe auch Lewis 1987, 7ff.).

Die Apartheidpolitik war auf eine umfassende Trennung dieser »Bevölkerungsgruppen« ausgerichtet: So wurden sogenannte Homelands (auf 13% des südafrikanischen Territoriums) gegründet, denen die »Africans« (über 70% der Bevölkerung) als »Staatsbürger« zugeordnet wurden, um sie aus dem »weißen Südafrika« auszusiedeln, d. h. sie gesetzlich zu Ausländern bzw. Gastarbeitern in Südafrika zu machen. Die Homelandpolitik bildete den Hintergrund für eine weitere Migrationsform in Südafrika, die Wanderarbeit. Um die dauerhafte Ansiedlung von Schwarzen im »weißen Südafrika« einzugrenzen, wurden restriktive, auf ein Rotationsprinzip setzende Regelungen für die Arbeitszuwanderung aus den Homelands implementiert. Diese Politik erinnert nicht nur in ihren Zielsetzungen an die Gastarbeiterpolitik der BRD, sondern auch in ihrem Scheitern. Denn sowohl im Bergbau als auch in der Industrie und der Landwirtschaft sowie in privaten Haushalten und anderen Dienstleistungsbereichen waren schwarze Arbeitskräfte zu allen Zeiten der Apartheid unverzichtbar, und in aller Regel waren die weißen Arbeitgeber daran interessiert, erfahrene Arbeitskräfte auf Dauer zu halten. Aber auch Personen, die niemals das ihnen zugewiesene Homeland betreten haben, galten als dessen Staatsbürger und waren im »weißen Südafrika« politisch rechtlos. Jedem Homeland wurde eine afrikanische Sprache zugeordnet, die Zuweisung von Personen zu Homelands erfolgte nach dem Kriterium der »Muttersprache«. Diese sprachliche Aufteilung, die im Hinblick auf eine multilinguale schwarze Stadtbevölkerung kaum Sinn ergab, sollte eine Ethnisierung und somit Aufspaltung der schwarzen Bevölkerungsmehrheit fördern. Im Zuge dieser Politik erhielten neun afrikanische Sprachen im Rahmen der Homelands einen offiziellen Status und wurden als Unterrichtssprachen im Primarschulbereich für schwarze Kinder – auch in den multilingualen Townships – eingesetzt.

Neben dieser »großen Apartheid« der Homelandpolitik sollten zahlreiche Gesetze und Vorschriften den sozialen Kontakt zwischen Angehörigen der verschiedenen Bevölkerungsgruppen minimieren, dazu gehörten z. B. Wohnsegregation, Verbote von Heiraten und anderweitigen sexuellen Beziehungen, die Trennung von öffentlichen Einrichtungen (Restaurants, Toiletten, Parks, Züge und Busse etc.) und nicht zuletzt die schulische Segregation: Jede der vier Bevölkerungsgruppen hatte »eigene Schulen«, die unterschiedlichen Verwaltungen unterstanden und im Hinblick auf die jeweilige Sprachenpolitik und das Curriculum unterschiedlichen Regelungen unterlagen. Die materielle und personale Ausstattung und Lehrerqualifikation spiegelte sehr genau die relative Position der jeweiligen Gruppe in der Apartheidhierarchie.

Über die apartheidspezifische Migrationsgeschichte hinaus gab und gibt es in Südafrika wie in vielen anderen ökonomisch relativ prosperierenden Ländern weitere Einwanderungsbewegungen: Südafrika ist Zielland sowohl für Arbeits- als auch Fluchtmigration, die Einwanderer stammen aus allen Teilen der Welt, insbesondere aber aus Europa und aus Afrika. Seit dem Ende der Apartheid sieht sich das neue demokratische Südafrika zunehmend mit undokumentierter Einwanderung aus afrikanischen Nachbarländern konfrontiert – und reagiert auf dieses Phänomen, recht ähnlich wie andere Staaten, vorwiegend mit dem Versuch einer besseren Abschottung der Grenzen und mit Deportationen.

Ethnizität und Sprachen im neuen Südafrika

Nach Abschaffung der Apartheid ist Ethnizität eine problematische Kategorie in der Bevölkerungsstatistik geworden. Da aber die Angleichung der Lebensverhältnisse der ehemals diskriminierten Bevölkerungsgruppen ein zentrales Ziel der demokratischen Regierung ist, muss auch die Frage nach der ethnischen Zugehörigkeit in den Zensusfragenkatalog aufgenommen werden, um die Effekte der Regierungspolitik zu überprüfen. Seit 1996 wird nunmehr nach der ethnischen *Selbst*einordnung gefragt, nicht nach der »Rassenkategorisierung« durch eine Apartheidbehörde. Im Zensus von 2001 bezeichneten sich 79% der Befragten als »Black African«, 8,9% als »Coloured«, 2,5% als »Indian or Asian« und 9,6% als »White«.

Im Sprachenteil desselben Zensus wurde lediglich die »first home language« erhoben, d. h., es wurde nach derjenigen Sprache gefragt, die in der Familie am häufigsten gesprochen werde. Auf der Basis dieser Daten lässt sich die Sprachenverteilung in Südafrika wie in Abb. 1 darstellen.

Beispiele aus außereuropäischen Staaten

»Language most often spoken at home« nach Daten des Zensus von 2001 für Südafrika gesamt

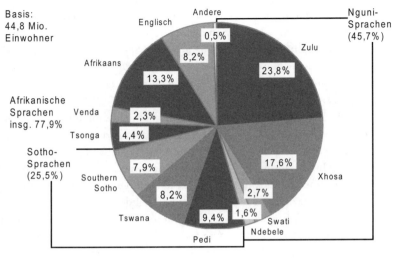

Abb. 1: »Language most often spoken at home« nach Daten des Zensus von 2001

Demnach sprechen 8,2% aller Südafrikaner Englisch, 13,3% Afrikaans und rund 78% eine afrikanische Sprache als Erst- bzw. als Familiensprache. Anderen Untersuchungen zufolge sind 36% aller Haushalte allerdings zumindest bilingual (PanSALB 2001); über die jeweiligen Sprachenkonstellationen kann der Zensus aufgrund seiner monolingualen Orientierung bei der Sprachenerhebung keinerlei Aussagen machen, ebenso wenig über Sprachen, die außerhalb der Familie regelmäßig gebraucht werden. Im Hinblick auf die afrikanischen Sprachen Südafrikas sei darauf hingewiesen, dass 45,7% aller Südafrikaner eine der vier Sprachen der Nguni-Sprachgruppe und 25,5% eine der Sprachen der Sotho-Sprachgruppe als ihre Familiensprache bezeichnen. Diese zu einer Sprachgruppe gehörenden Sprachen gelten als untereinander relativ gut verständlich. Venda und Tsonga gehören keiner der größeren Sprachgruppen an.

Es gibt keine eindeutigen Zuordnungen von Sprachen zu den ethnischen Gruppen der Apartheidklassifikation. Je nach Wohn- und Lebenskonstellation spielen unterschiedliche Sprachen eine Rolle in den Familien. Fraglos hat die Segregationspolitik jedoch typische Sprachenverteilungen gefördert. Verallgemeinernd lässt sich daher sagen (alle Zahlen nach Statistics South Africa 2003, gerundet): Weiße Südafrikaner sprechen vorwiegend Englisch (39%) oder Afrikaans (59%). Vor allem diejenigen, die Afrikaans als Erstsprache bezeichnen, sind in der Regel praktisch bilingual in Afrikaans und Englisch. Die als Coloureds bezeichneten Südafrikaner sprechen überwiegend Afrikaans (80%), die indischstämmigen Südafrikaner hingegen Englisch (94%), das seit den 1960er Jahren die indische Familiensprache zunehmend ersetzt hat. Schwarze Südafrikaner sprechen in der Familie meist eine (oder mehrere) afrikanische Sprachen (98,5%); in urbanen Gebieten oft in Kombination mit Englisch bzw. mit einer spezifischen urbanen »Mischsprache« (vgl. Niedrig 2000, 399ff.).

Die Integrationspolitik der neuen demokratischen Regierung

Politische Rhetorik und Praxis der Mehrsprachigkeit

Die neue südafrikanische Verfassung von 1996 erkennt elf Sprachen als »offizielle Sprachen« Südafrikas an, neben Englisch und Afrikaans sind dies die neun afrikanischen Sprachen, die im Rahmen der »Homelands« bereits einen begrenzten offiziellen Status hatten (vgl. Abb. 1). Dieser offiziellen Politik der Mehrsprachigkeit entsprach auf dem Gebiet der »kulturellen Identität« die »We are one«-Kampagne der ersten demokratischen Regierung, die darauf abzielte, ethnisch-kulturelle Diversität als identitätsstiftendes Merkmal der südafrikanischen »Regenbogen«-Nation positiv zu konnotieren. Im Folgenden konzentriere ich mich auf die Komplexität der Sprachenpolitik, vor allem im Bildungsbereich.

Trotz des verfassungsrechtlich verankerten Prinzips der Anerkennung und Förderung von Mehrsprachigkeit ist in allen wichtigen Domänen – Parlamente, Verwaltungen, Wirtschaft, Medien, Bildungssystem – der Trend zur Einsprachigkeit in Englisch unübersehbar (Alexander 2001; Kamwangamalu 2001). Von der Mehrheit in Politik und Gesellschaft wurde diese verfassungsrechtliche Verankerung von Mehrsprachigkeit offenkundig lediglich als symbolischer Akt aufgefasst. Auch im Hinblick auf den Bildungsbereich ist diese Spannung zwischen Rhetorik der Mehrsprachigkeit und monolingual anglozentrischer Praxis

leicht nachweisbar. Zugegebenermaßen ist aber gerade in diesem Politikfeld das
Apartheiderbe nicht widerspruchsfrei zu bewältigen.

Maximen der Bildungspolitik

Angesichts des historischen Erbes stand die demokratische Regierung im Hinblick auf die Sprachen- und Bildungspolitik vor einer komplexen Herausforderung:

(1) Es sollte ein einheitliches Bildungssystem für alle südafrikanischen Kinder geben, um die nach ethnischen und sprachlichen Kriterien vollzogene Segregation und rassistische Diskriminierung zu beenden.
(2) Der Schulerfolg der historisch besonders benachteiligten schwarzen Kinder mit afrikanischen Erstsprachen musste verbessert werden.
(3) Angesichts einer historischen Schulsprachpolitik, die über Vorschriften und Zwang funktionierte und zu großem Widerstand führte, galt es nun erstmals das Prinzip der Selbstbestimmung (bzw. des Elternwahlrechts) hinsichtlich der Unterrichtssprache einzuführen.

Zwischen diesen Maximen besteht bereits ein gewisses Spannungsverhältnis, denn eine Schulsprachenpolitik, die den Schulerfolg afrikanischer Kinder durch deren Förderung in der Erstsprache erhöhen will, entspricht nicht unbedingt den Wünschen afrikanischer Eltern, die für ihre Kinder in erster Linie Zugang zu Englisch als Sprache des sozialen Aufstiegs wünschen. Außerdem kann ein Schulsystem, in dem die Erstsprachen der Kinder eine zentrale Rolle spielen, vermutlich nicht ganz auf eine zumindest zeitweilige Trennung der Kinder nach Sprachgruppen verzichten. Vor diesem Hintergrund legt die südafrikanische Verfassung im Bildungsartikel Folgendes fest:

> Everyone has the right to receive education in the official language or languages of their choice in public educational institutions where that education is reasonably practicable. In order to ensure the effective access to, and implementation of, this right, the state must consider all reasonable alternatives, including single medium institutions, taking into account –
> (a) equity;
> (b) practicability; and
> (c) the need to redress the results of past racially discriminatory laws and practices.
> (The Constitution of the Republic of South Africa, 1996, Chapter 2, § 29 [2]).

Betont wird zunächst das Prinzip der Wahlfreiheit (choice) im Hinblick auf die Unterrichtssprache, wenn auch mit der einschränkenden Klausel der Praktikabilität, die in Richtlinien durch das Kriterium der Mindestschülerzahl operationalisiert wird. Der Plural »or languages« weist darauf hin, dass mehrere Unterrichtssprachen verwendet werden können. Der Einschub »including single medium institutions« wiederum verdankt sich einer Afrikaans-Lobby, die ihre Schulen von jeglichen anderssprachigen (vor allem englischen) Unterrichtsmedien frei halten will. Die Einschränkung (c) soll einen Missbrauch dieser Bestimmung für Zwecke rassistischer Ausgrenzung schwarzer Schüler aus den historisch privilegierten, gut ausgestatteten afrikaanssprachigen Schulen verhindern.

Nach einem umfangreichen Konsultationsprozess veröffentlichte der Minister of Education schließlich im Juli 1997 die »Language in Education Policy« (Richtlinien für Sprache im Bildungssystem), in denen die Gesetzesvorgaben ausgeführt werden. Diese Richtlinie legt im Hinblick auf die Unterrichtssprache(n) lediglich fest: »The language(s) of learning and teaching in public school must be (an) official language(s)« (Language in Education Policy, 14 July 1997, Section 4.5). Vor allem die Präambel der Richtlinie macht aber deutlich, dass das Gesetz darauf abzielt, die Orientierung an Mehrsprachigkeit zur Norm zu erheben: »That is to say, being multilingual should be a defining characteristic of being South African« (Section 4.1.4). In der schulischen Praxis soll die Mehrsprachigkeit nach dem Prinzip eines »additiv bilingualen Ansatzes« realisiert werden, d. h. »the underlying principle is to maintain home language(s) while providing access to and the effective acquisition of additional language(s)« (Section 4.1.5). Die konkrete Umsetzung dieser Richtlinien im Rahmen der lokalen sprachlichen Gegebenheiten der Einzelschulen obliegt den School Governing Bodies (Schulvorstände), wobei diese verpflichtet sind, deutlich zu machen, in welcher Weise die Schule Mehrsprachigkeit fördern wird (Section 5.3.1).

Es mehren sich mittlerweile kritische Berichte aus der empirischen Schulforschung (z. B. NCCRD 2000; Probyn et al. 2002; Plüddemann et al. 2004), die zu dem Schluss kommen, dass die Umsetzung dieser und anderer Empfehlungen in die schulische Praxis bestenfalls zögerlich erfolge und neben finanziellen Restriktionen vor allem an einem gesellschaftlich tief verwurzelten anglozentrischen Habitus (Plüddemann 1999) scheitere. In der Sprachenpolitik der Schulen zeichne sich statt einer Orientierung an Mehrsprachigkeit eher ein Trend zur Stärkung von Englisch – auch in vormals afrikaanssprachigen Schulen – ab. Die Verpflichtung, Mehrsprachigkeit zu fördern, werde allenfalls durch die Einführung von zusätzlichen Sprachfächern (eine afrikanische Sprache als Sprachfachangebot) abgegolten, wobei diese Sprachlernangebote sich selten an englisch- oder afrikaanssprachige Kinder richteten.

Schultypen im Postapartheid-Südafrika

Angesichts der historischen Erblast der Homelandpolitik und der schulischen Segregation ist es kaum möglich, ein *einzelnes* typisches südafrikanisches Klassenzimmer zu beschreiben. Es ist jedoch möglich, zwei »Typen« von Postapartheidschulen grob zu charakterisieren.

»Multikulturelle Schulen«

Als »multikulturell« bezeichne ich die historisch privilegierten Schulen – also die ehemals »White«, »Indian« und in gewissem Umfang auch die ehemals »Coloured« Schulen. Sie sind als nach wie vor deutlich besser ausgestattete Schulen Ziel einer Schülermigration aus den historisch benachteiligten und im Lauf der Jahre des politischen Kampfes und Schulboykotts in ihrer Lernkultur erodierten Townshipschulen geworden. Hier werden nun also Schüler, die afrikanische Sprachen sprechen, gemeinsam mit Kindern unterrichtet, deren Erstsprache Englisch oder Afrikaans ist. Als Reaktion auf diese Entwicklung haben einige Schulen afrikanische Sprachen als Sprachenfächer eingeführt, und Schulen, deren Unterrichtssprache Afrikaans ist, bieten nun englischsprachige Parallelklassen für die schwarzen Schüler an. Afrikanische wie afrikaanssprachige Kinder sind in diesen Schulen einem großen Assimilationsdruck ausgesetzt, während nur wenige englischsprachige Kinder die Chance nutzen, eine afrikanische Sprache zu lernen (NCCRD 2000).

Die Sprachenkonstellation an diesen »multikulturellen Schulen« hat viele Gemeinsamkeiten mit den Großstadtschulen westlicher Einwanderungsländer: Da die Lehrkräfte die Sprachen eines Großteils ihrer Schülerschaft nicht verstehen und auch nicht darauf vorbereitet sind, mit sprachlicher Heterogenität produktiv umzugehen, wird die intendierte einsprachige Unterrichtspraxis in aller Regel durchgehalten, auch wenn dies zu einem Zusammenbruch der Kommunikation zwischen den Lehrern und einem Teil der multilingualen Schülerschaft führt.

In den Schulen der westlichen Industrienationen hat diese Konstellation mehrheitlich nachteilige Auswirkungen auf den Schulerfolg der Migrantenkinder. Relativ erfolgreich mag dieses Schulmodell unter den gegenwärtigen Bedingungen in Südafrika insofern sein, als es sich bei den afrikanischen Kindern in diesen Schulen um eine soziale Auslese der mit ökonomischem und kulturellem Kapital am besten ausgestatteten Kinder handelt. Diejenigen, die die besonderen Herausforderungen bewältigen, sind Aspiranten für einflussreiche gesellschaftliche Positionen.

»*Afrikanische Schulen*«

Als »afrikanische Schulen« hingegen bezeichne ich die ursprünglich für schwarze Kinder vorgesehenen Homeland- und Townshipschulen sowie die Farmschulen (Schulen für die Kinder schwarzer Landarbeiter auf weißen Farmgebieten), die auch nach der offiziellen Desegregation ausschließlich von schwarzen Kindern besucht werden. Da die Abwanderung an historisch privilegierte Schulen in der Regel nur einer kleinen mittelständischen schwarzen Elite möglich ist, impliziert dieser Prozess eine »soziale Entmischung« für die ohnehin strukturell weiterhin benachteiligten Schulen in den schwarzen Townships und in den ländlichen Regionen. Diese Schulen werden von der Mehrheit aller südafrikanischen Kinder besucht. Um die Sogwirkung der gut ausgestatteten, englischsprachigen Schulen abzumildern, besteht an diesen Schulen eine Tendenz, ebenfalls so früh wie möglich Englisch als Unterrichtssprache einzusetzen (De Klerk 2000). Die Empfehlung der Richtlinien, die Erstsprachen der Kinder stärker als Lernsprachen zu nutzen, wird in aller Regel ignoriert.

In den »afrikanischen Schulen« sprechen aber nicht nur die Schülerinnen und Schüler wenig bis gar kein Englisch, sondern auch für ihre Lehrerinnen und Lehrer ist Englisch eine zweite oder dritte Sprache. Im Gegensatz zu den weißen Lehrkräften in den privilegierten Schulen sprechen sie hingegen in aller Regel die Sprachen ihrer Schülerschaft. Wie Unterrichtsbeobachtungen seit den 1980er Jahren belegen, haben diese Lehrkräfte spezifische Unterrichtsstrategien entwickelt, um den hohen Anforderungen gerecht zu werden (z. B. Taitz [1985] 1991; Adendorff 1996; Setati et al. 2002): Vor allem versuchen sie – entgegen häufig explizit vorgebrachten Bekundungen eines »English-only«-Ansatzes –, ihren Schülern die Unterrichtsinhalte durch Sprachenwechsel (code-switching) besser verständlich zu machen. Da aber Prüfungen in Englisch absolviert werden müssen, werden die Fachinhalte von ihnen zudem oft in englischen Merksätzen zusammengefasst, die die Kinder abschreiben und für die Prüfungen auswendig lernen.

Bildungsabschlüsse nach Ethnizität

Wie kaum anders zu erwarten, spiegeln die Daten die Langzeitwirkungen des Apartheidbildungswesens. Beide Volksbefragungen seit den ersten demokratischen Wahlen haben den höchsten Bildungsabschluss aller erwachsenen Südafrikaner/innen (d. h. 20 Jahre und älter) nach »Bevölkerungsgruppe« erhoben. Sowohl 1996 als auch 2001 entsprechen die Bildungsabschlüsse statistisch der jeweiligen Privilegierung dieser »Gruppen« im Apartheidkontext: »Weiße« haben die höchsten Abschlüsse, gefolgt von den »Indern/Asiaten«, dann den »Farbigen« und die »Schwarzen Afrikaner« bilden das Schlusslicht, auch wenn sich innerhalb dieser fünf Jahre immerhin eine Verbesserung im Zugang zu Bildungsabschlüssen für die historisch benachteiligten Gruppen abzeichnet (siehe die Einzeldaten in Tabelle 1).

	Black African		Coloured		Indian or Asian		White		Total	
	1996	2001	1996	2001	1996	2001	1996	2001	1996	2001
Higher	3,0	5,2	4,3	4,9	10,0	14,9	24,1	29,8	6,2	8,4
Complete secondary	12,1	16,8	12,3	18,5	30,5	34,9	40,7	40,9	16,4	20,4
Some Secondary	32,7	30,4	42,5	40,1	40,0	33,0	32,8	25,9	33,9	30,8
Complete primary	8,3	6,8	11,1	9,8	5,0	4,2	0,5	0,8	7,5	6,4
Some primary	19,5	18,5	19,6	18,4	8,1	7,7	0,6	1,2	16,7	16,0
No Schooling	24,2	22,3	10,1	8,3	6,5	5,3	1,2	1,4	19,3	17,9

Tab. 1.: Bildungsabschlüsse in Prozent nach Bevölkerungsgruppen (Zensus 1996/2001)

Trotz der sich abzeichnenden Verbesserungen in den Daten von 2001 wird diese Hierarchie sich in absehbarer Zeit nicht nivellieren lassen. Die »pass rates« in den Sekundarschulabschlussprüfungen des Jahres 2004, die von den Provinzen herausgegeben werden, zeigen – soweit diese nach »Bevölkerungsgruppen« aufgeschlüsselt sind –, dass auch hier Schulerfolg entlang der Apartheidhierarchie verläuft (Provincial Profiles 2004). Neuere Studien belegen, dass die schulische Sprachenpolitik hierbei eine zentrale Rolle spielt (z. B. October 2002).

Integration durch Mehrsprachigkeit: Multilinguale Schulprojekte

Unterstützt werden die Schulen in ihren Integrationsbemühungen in der Regel weniger von den Schulbehörden, sondern von kleinen Nichtregierungsorganisationen (NGOs). Viele dieser im Bildungsbereich engagierten NGOs wurden im Kontext der Widerstandsbewegung gegen die Apartheidpolitik, insbesondere gegen die minderwertige »Bantu Education« für die schwarzen Kinder Südafrikas, gegründet.

Während ein Hauptziel der NGO-Bildungsarbeit während der Apartheidära der Zugang zu Englisch für alle war, haben einige NGOs ihren Fokus mittlerweile verschoben und streben nunmehr eine Integration der südafrikanischen Bevölkerung durch Aufwertung und Förderung von Multilingualität an.

Als eine besonders bemerkenswerte Organisation in diesem Kontext möchte ich hier das »Project for the Study of Alternative Education in South Africa« (PRAESA) kurz vorstellen: PRAESA ist als unabhängige, forschungsorientierte Organisation der »Faculty of Humanities« der Universität Kapstadt angegliedert. Das Projekt entstand im Jahr 1992, also zu Beginn des sich abzeichnenden politischen Umbruchprozesses, mit der expliziten Zielsetzung, die Erfahrungen mit alternativen Bildungsansätzen während der Zeit der Befreiungskämpfe für die Transformation des südafrikanischen Bildungssystems auszuwerten. Seit 1995 konzentriert sich die Organisation auf die Erforschung und Unterstützung von multilingualem und multikulturellem Unterricht im südafrikanischen Kontext. Eine herausragende Publikation in diesem Kontext ist der Sammelband »Multilingual Education for South Africa« (Heught et al. 1995).

Aus PRAESAs Perspektive hat die Schulsprachpolitik (language-in-education policy) eine Schlüsselfunktion für den Demokratisierungsprozess der südafrikanischen Gesellschaft. Eine Bildungspolitik, die den Zugang zur statushohen Sprache Englisch auf Kosten der ökonomisch, sozial und politisch marginalisierten afrikanischen Sprachen erreichen will, z. B. durch eine frühzeitige »Submersion« in englischsprachigen Fachunterricht (»straight-for-English«-Option), ist aus Sicht der PRAESA-Expert/innen zum Scheitern verurteilt, da es sich dabei um einen psychologisch problematischen, das eigene sprachliche Kapital der Bevölkerungsmehrheit abwertenden Sprachlernprozess handele (»subtractive approach«). Entsprechend propagiert PRAESA als schulsprachpolitisches Ideal ein »additiv multilinguales Bildungssystem«, das das Erlernen der für die soziale Aufwärtsmobilität wichtigen Sprache Englisch mit einer Aufwertung der afrikanischen Sprachen Südafrikas verknüpft (vgl. PRAESA-Selbstdarstellung 2007).

Da PRAESA davon ausgeht, dass die anvisierte Aufwertung afrikanischer Sprachen nicht allein durch bildungspolitische Maßnahmen erreicht werden kann, setzt sich die Organisation für weitergehende Lenkungsmaßnahmen vor allem im staatlich kontrollierten Arbeitsmarktbereich ein, z. B. Auflagen zu Sprachkenntnissen bei der Ausschreibung von Stellen im Gesundheitssektor oder in der öffentlichen Verwaltung. Die Auflage, dass Kandidat/innen für solche Stellen mindestens eine afrikanische Sprache beherrschen müssen, hätte einerseits einen Lenkungseffekt im Sinne der »Affirmative-Action«-Politik im Postapartheid-Südafrika (d. h. Bevorzugung von Schwarzen bei der Besetzung qualifizierter Stellen). Da es sich bei der geforderten sprachlichen Qualifikation aber zugleich um aufgabenspezifisch sinnvolle und notwendige Kompetenzen handelt, die im Prinzip von jeder Bewerberin bzw. jedem Bewerber erworben werden können, könnte eine solche Maßnahme nicht durch den Vorwurf eines »umgekehrten Rassismus« diskreditiert werden.

Von Südafrika lernen?

Die Geschichte der Sprachen- und Bildungspolitik Südafrikas zeigt deutlich, dass Sprachenkonflikte immer Machtkonflikte sind, dass es sich im Kern um die Aushandlung von sozialen Über- und Unterordnungsverhältnissen und deren Legitimierung handelt. Im Unterschied zu Deutschland sind die marginalisierten Sprachen Südafrikas größtenteils aber die Sprachen der alteingesessenen Mehrheitsbevölkerung. Ein demokratisches Südafrika kann die Sprecher dieser Sprachen nicht in der gleichen Weise als zugewanderte »Sprachminderheiten« behandeln, die sich der nationalen »Leitkultur« und ihrer legitimen Sprache anpassen müssen, wie es Einwanderergruppen in Deutschland widerfährt. Vor dem Hintergrund der Kolonial- und Apartheidvergangenheit werden vielmehr radikalere Deutungen der Sprachenhierarchie als »Sprachenrassismus« und entsprechende kulturelle Dekolonialisierungs- und Demokratisierungskonzepte hervorgebracht.

Eine entscheidende Frage, die man an bildungspolitische Konzepte für sprachliche Bildung vor diesem Hintergrund stellen muss, ist die Frage nach dem Effekt auf das Verhältnis zwischen dominanter, statushoher Sprache und marginalisierten, statusschwachen Sprachen in einer Gesellschaft. Theoretisch lassen sich unterscheiden:

- Strategien, die ausschließlich oder vorwiegend die Verbreitung der legitimen Sprache zum Ziel haben – das ist die zurzeit in Südafrika *de facto* praktizierte Strategie in der Mehrzahl der Schulen,
- Strategien, die auf eine »Legitimierung« anderer sprachlicher Ressourcen als der jeweils dominanten abzielen – dies ist die offizielle, in der Verfassung verankerte Strategie, die aber über eine »Rhetorik der Mehrsprachigkeit« nur selten hinauskommt und lediglich durch Projekte einiger kleinerer Nichtregierungsorganisationen oder von einzelnen engagierten Lehrer/innen erprobt wird.

Beide Strategien bringen spezifische Probleme mit sich: Während durch die erste Strategie die herausgehobene Position der ohnehin dominanten Sprache als »einzig legitime Sprache« zementiert wird, hat die zweite Strategie das Problem, dass die Legitimität sprachlicher und kultureller Produkte nicht verordnet bzw. willkürlich beeinflusst werden kann und der Vorwurf erhoben werden könnte, dass Kindern aus sprachlichen Minderheiten der Zugang zur legitimen Sprache als Ressource für gesellschaftlichen Aufstieg und Partizipation versperrt werde.

Als ein Ausweg aus diesem Dilemma wird von PRAESA dafür plädiert, sich von der Haltung des »Entweder-Oder« zu verabschieden und stattdessen Konzeptionen des »Sowohl-als-auch« zu entwickeln. Solche Doppelstrategien sollen die statusschwächeren Sprachen bzw. Minderheitensprachen anerkennen und fördern, ohne den Zugang zur legitimen Sprache zu vernachlässigen, d. h., die legitime Sprache effizient unterrichten, ohne zugleich alle anderen Sprachen implizit abzuwerten. Voraussetzung hierfür ist eine weitgehende Gleichberechtigung der beteiligten Sprachen in einem bi- oder multilingualen Programm. Darüber hinaus ist für den Erfolg dieser Strategie eine Verzahnung der Bildungspolitik mit anderen gesellschaftlichen Bereichen unverzichtbar. Vor allem spielt der Arbeitsmarkt eine zentrale Rolle, wenn Lernanreize für nichtdominante Sprachen geschaffen werden sollen.

Literatur

Adendorff, R. D. (1996): The functions of code switching among high school teachers and students in Kwazulu and implications for teacher education. In: Bailey, K. M./Nunan, D. (Hrsg.): Voices from the Language Classroom: Qualitative Research in Second Language Education. Cambridge: Cambridge University Press, 338-406

Alexander, N. (2001): Majority and minority languages in South Africa. In: Extra, G./ Gorter, D. (Hrsg.): The Other Languages of Europe. Demographic, Sociolinguistic and Educational Perspectives. Clevedon u.a.: Multilingual Matters, 355-369

De Klerk, V. (2000): To be Xhosa or not to be Xhosa... that is the question. In: Journal of Multilingual and Multicultural Development, Jg. 21, Nr. 3, 198-215

Heugh, K./Siegrühn, A./Plüddemann, P. (Hrsg.) (1995): Multilingual Education for South Africa. Johannesburg

Kamwangamalu, N. M. (2001): The Language Planning Situation in South Africa. In: Current Issues in Language Planning, Jg. 2, Nr. 4, 361-445

Language-in-Education Policy. Pretoria: Department of Education 1997, http://education.pwv.gov.za

Lewis, G. (1987): Between the wire and the wall. A history of South African ›Coloured‹ politics. Cape Town/Johannesburg: David Phillips Publishers

Mesthrie, R. (Hrsg.) (1995): Language and social history. Studies in South African sociolinguistics. Cape Town/Johannesburg: David Phillips Publishers

NCCRD (National Centre for Curriculum Research and Development 2000): Language in the classroom: towards a framework for intervention. Research report. Pretoria: Department of Education

Niedrig, H. (2000): Sprache – Macht – Kultur. Multilinguale Erziehung im Post-Apartheid-Südafrika. Münster/New York/München/Berlin: Waxmann

October, M. (2002): Medium of Instruction and its Effect on Matriculation Examination Results for 2000, in Western Cape Secondary Schools. A study of examination results in relation to home language and language medium. PRAESA Occasional Papers No. 11, Cape Town

PanSALB (2001): Summary of the findings of: A Sociolinguistic survey on Language Use and Language Interaction in South Africa. Pretoria

Plüddemann, P. (1999): Multilingualism and education in South Africa: one year on. In: International Journal of Educational Research 3 (4), 327-340

Plüddemann, P./Braam, D./Broeder, P./Extra, G./October, M. (2004): Language policy implementation and language vitality in Western Cape primary schools. PRAESA Occasional Papers No. 15, University of Cape Town

PRAESA (2007): What is PRAESA? http://web.uct.ac.za/depts/praesa/index.html

Probyn, M. J./Murray, S./Botha, L./Botya, P./Brooks, M./Westphal, V. (2002): Minding the gaps – an investigation into language policy and practice in four Eastern Cape districts. In: Perspectives in Education, Jg. 20, Nr. 1., Special Issue: Many Languages in Education, 29-46

Provincial Profiles, Statistics South Africa (2004), http://www.statssa.gov.za

Setati, M./Adler, J./Reed, Y./Bapoo, A. (2002): Code-switching and other language practices in mathematics, science and English language classrooms in South Africa. In: Adler, J./Reed, Y. (Hrsg.): Challenges of teacher development: an investigation of take-up in South Africa. Pretoria: Van Schaik Publishers, 72-93

Statistics South Africa (2003): Report 03-02-16 (2001), http://www.statssa.gov.za – Achieving a better life for all – Progress between Census '96 and Census 2001

Statistics South Africa (2003): Report 03-02-02 (2001), http://www.statssa.gov.za – How the count was done

Taitz, L. (1991[1985]): An investigation into institutional factors and pedagogical needs affecting farm school education in the Magaliesberg and Pretoria West areas. In: ELTIC (Hrsg.): ›O reason not the need‹: a history of the ELTIC Farm Schools Project 1985-1991. ELTIC documents. Johannesburg

The Constitution of the Republic of South Africa, 1996, http://www.gov.za

Worden, N. (1994): The making of modern South Africa. Conquest, Segregation and Apartheid. Oxford

Liliana Lazarte de Moritz
BILINGUALE UND INTERKULTURELLE BILDUNG IN PERU

Einleitung

Bildung ist ohne Ausnahme ein Recht aller Kinder dieser Welt. So haben die indigenen Kinder in den ärmsten ländlichen Regionen Perus auch das Recht auf eine gute Qualität der Bildung und auf die Erhaltung der eigenen Kultur. Die Situation der bilingualen interkulturellen Bildung in Peru ist ein weit gefasstes Thema, das in der letzten Dekade an Relevanz gewonnen hat.

Um die Realität des Bildungssystems in Peru besser zu verstehen, ist es notwendig, einen Überblick über die allgemeine schulische und gesellschaftliche Lage Perus zu bekommen.

Etliche Regierungen in Peru hatten sich die Hispanisierung der indigenen Bevölkerung (Urbevölkerung) zum Ziel gesetzt. Aus diesem Grund wurden die indigenen Sprachen in der Schule verboten und die spanische Sprache als Unterrichtssprache durchgesetzt. Mit dem Militärputsch von General Velasco im Jahr 1975 wurde Quechua als zweite offizielle Sprache in Peru anerkannt. Seitdem haben sich die jeweils im Amt befindlichen Regierungen mehr oder weniger bemüht, eine bilinguale Bildungspolitik zu etablieren (vgl. Gleich 1982, 52).

Gegenwärtig wird die bilinguale interkulturelle Bildung (EBI[1]) als Bildungsmodalität vom peruanischen Bildungsministerium durchgeführt. Die Aufgabe von EBI besteht unter anderem darin, eine pädagogische und didaktische Erneuerung im Curriculum für indigene Kinder zu erreichen, die zu einer koordinierten sprachlich-kulturellen Kompetenz der Schüler führen kann.

Allgemeine Daten über Peru

Mit 26,75 Millionen Einwohnern (2002) gehört Peru neben Brasilien, Kolumbien und Argentinien zu den bevölkerungsreichsten Ländern Lateinamerikas.

---

[1] Educación Bilingüe Intercultural (bilinguale interkulturelle Bildung)

Die Hauptstadt Lima liegt an der Westküste Perus und hat über acht Millionen Einwohner. Sie ist in jeder Hinsicht das Zentrum der peruanischen Gesellschaft, wo ein Drittel der Gesamtbevölkerung lebt und sich fast die Hälfte des peruanischen Bruttoinlandsprodukts (BIP) konzentriert (vgl. Böhling 2006, 7).

Hinter dem BIP pro Kopf von 2.086 US$ im Jahr 2005 verbirgt sich die extrem ungleiche Einkommensverteilung im Inneren des Landes. In Peru gibt es eine sehr hohe Arbeitslosigkeit, die nach inoffiziellen Schätzungen bis zu 50% der arbeitsfähigen Bevölkerung betrifft. Viele Menschen befinden sich in unterbezahlten und kurzzeitigen Arbeitsverhältnissen ohne Vertrag und ohne jede soziale Absicherung. Von den jährlich ca. 350.000 neu auf den Arbeitsmarkt kommenden Peruanern finden derzeit nur ca. 50.000 einen Arbeitsplatz mit Arbeitsvertrag (vgl. Auswärtiges Amt 2006).

Peru wird noch immer geprägt durch die Ausgrenzung großer Bevölkerungsgruppen, insbesondere der indigenen Völker, sowie durch eine anhaltende Land-Stadt-Migration.

Peru – ein multikulturelles und multiethnisches Land

Peru ist neben Bolivien und Guatemala eines der drei Länder mit mehrheitlich indigener Bevölkerung in Lateinamerika. Etwa 47% der Einwohner Perus sind Ureinwohner, die neben Spanisch als Amtssprache eigene Sprachen haben. Etwa 40% der Einwohner sind Mestizen (Mischlinge zwischen Weißen – in erster Linie Spaniern – und Ureinwohnern), etwa 12% sind Weiße. Außerdem leben unter anderem Schwarzafrikaner und Ostasiaten im Land (vgl. Auswärtiges Amt 2006).

Peru ist bekannt als ein Land mit einer Inka-Kultur, die durch die spanische Eroberung von der europäischen Kultur beeinflusst worden ist. Dabei wird allerdings vergessen, dass Peru schon vor der spanischen Herrschaft ein multikulturelles und multiethnisches Land gewesen ist (vgl. Sobrevilla 2001, 79).

Die Inkas hatten zahlreichen untergeordneten Kulturen ihre Herrschaft aufgezwungen, die meistens andere Sprachen oder andere Quechua-Dialekte sprachen. Das Quechua wurde in verschiedenen Regionen des Tahuantinsuyo[2] gesprochen (außer in Peru auch in Süd-Kolumbien, großen Teilen von Ecuador,

---

[2] Selbstbezeichnung des Inka-Reiches

Bolivien bis in den Norden von Chile und Argentinien). Vor der Ankunft der Europäer existierte keine Buchstabenschrift für das Quechua. Das Wissen wurde von Generation zu Generation mündlich weitergegeben (vgl. Vigil 2003, 3). Durch die spanische Eroberung wurde die Quechua-Sprache degradiert und Spanisch als die Sprache der Macht etabliert.

Während der Kolonialzeit kamen Afrikaner als Sklaven und anschließend in der Republikepoche asiatische und europäische Gruppen nach Peru. Diese kulturelle Vermischung ist in Peru als »Mestizaje Cultural« bekannt (vgl. Sobrevilla 2001, 82).

Außer Spanisch sind die aktuell größten Sprachgruppen in Peru Quechua – am meisten in den Anden gesprochen – und Aimara – im Urwald und auch an der Grenze zu Bolivien gesprochen (Abb. 1).

	Sprache	Personen
1	Aimara	354.370
2	Arahua	400
3	Arahuaco	76.500
4	Bora Huitoto	2.850
5	Harkmbut	945
6	Jibaro	43.500
7	Muniche	400
8	Pano	35.850
9	Peba Yagua	4.000
10	Quechua	4.195.000
11	Shimaco	3.500
12	Tacana	400
13	Ticuna	6.000
14	Tucano	444
15	Tupí Guarani	18.000
16	Zaparo	305
	TOTAL	4.742.464

Abb. 1: Repräsentative Ursprachen in Peru, Quelle: DINEBI 2002

Situation der allgemeinen Schulbildung in Peru

Im Jahr 2001 gab es in Peru 2.887.000 absolute Analphabeten (ab 15 Jahren), die weder schreiben noch lesen konnten, davon waren 75% (1.570.000) Frauen. Deutliche Unterschiede in Hinsicht auf den Schulabschluss zeigen sich sowohl zwischen Stadt und Land als auch zwischen männlicher und weiblicher Bevölkerung (vgl. Vexler 2004, 5).

In Peru besteht eine hohe Quote von Schulausstieg, Schulabsentismus und Klassenwiederholung. Nach Daten von 2002 beträgt die Klassenwiederholung von Schülern in ländlichen Gebieten 12,8% und in der Stadt 5,7% (vgl. Benavides 2004, 11f.). Laut der letzten Statistik von MED[3] 2002 dauert der Schulbesuch in der Stadt im Durchschnitt zehn Jahre und auf dem Land sechs Jahre. Die Bevölkerung ohne Grundbildung in Stadtgebieten beträgt 3,5%, in ländlichen Gebieten dagegen bis zu 17,8% (fünfmal höher als in der Stadt). Es ist zu beobachten, dass der Bildungsausschluss eine Relation zu der Armutslage im Land aufweist. Nach Daten der UNESCO ist Peru eines der Länder mit der stärksten sozialen Ungleichheit zwischen ländlichen und städtischen Gebieten (vgl. Benavides 2004, 12).

Die Klassenwiederholung hat einen engen Bezug zu der Muttersprache der Schüler. In den Regionen, in denen Spanisch nicht die Muttersprache ist, liegt die Anzahl der Klassenwiederholer höher. Hier wiederholen 63% aller Kinder einmal oder mehrmals ein Schuljahr. Mit 12% ist auch die Abbrecherquote relativ hoch (vgl. Afemann 1999). Quechua ist die zweite, aber bei Behörden kaum verwendete peruanische Amtssprache. In den genannten Regionen findet der Unterricht bis auf wenige Ausnahmen (EBI-Schulen[4]) auf Spanisch statt.

Laut Studie der OECD[5] betrug 1999 der Anteil des BIP am Bildungssystem in Peru 3,3%. Das ist im Vergleich mit anderen Ländern eine der niedrigsten Investitionen in Bildung (das Ziel der OECD beträgt 6%) (vgl. Benavides 2004, 14).

Die stetige Instabilität in der Bildungslage hat viele Gründe. Einer davon ist die ständige Änderung der Bildungsautoritäten (Bildungsminister). Von 1990 bis 2006 waren 25 verschiedene Bildungsminister im Amt. Die daraus folgende

---

[3] Ministerio de Educación del Perú (Bildungsministerium von Peru)
[4] Escuelas EBI (EBI-Schulen)
[5] Organisation for Economic Co-operation and Development (Organisation für wirtschaftliche Zusammenarbeit und Entwicklung)

unterbrochene Bildungspolitik und eine extreme Politisierung des Sektors durch die jeweilige Regierung sowie das langsame Wirtschaftswachstum und die Armut, die fast die Hälfte der Bevölkerung betrifft, haben die Bildungsqualität in Peru behindert (vgl. Defensoria del Pueblo 2001, 35).

Historischer Überblick der bilingualen interkulturellen Bildung in Peru

Die Ungleichheiten der sozialen Schichten in Peru hatten sich Anfang des 20. Jahrhunderts verstärkt. Die Mexikanische Revolution (1910) war ein Vorbild für die lateinamerikanischen Länder. Die Revolution forderte eine Integrationspolitik für die indigene Bevölkerung. Es wurden Alphabetisierungsmaßnahmen der spanischen Sprache (La Castellanización) durchgeführt, aber als Folge kam es zum Verbot und zur Verdrängung der einheimischen Sprachen. Die Castellanización oder Hispanización zwang die indigene Bevölkerung in Peru zur Akkulturation an die spanische Kultur (vgl. Garcia/Ossenbach/Valle 2001, 23). Die indigene Bevölkerung in Peru blieb beim Aufbau der Bildungspolitik weitgehend unberücksichtigt. Die Modernisierung der Bildung bedeutete für viele indigene Völker, ihre Identität aufzugeben. Letztlich wurde nicht nur die Sprache aufgegeben, sondern auch die Lebensgewohnheiten und die Kultur, die von den Kindern als veraltet empfunden wurde (vgl. Abram 2004, 124).

1968 kam General Velasco Alvarado durch einen Militärputsch an die Macht. Er führte zahlreiche nationale Reformen durch. Das Gesetz »Ley General de Educación« (Allgemeines Bildungsgesetz) war von zentraler Bedeutung für die indigene Bevölkerung, da diese Zielgruppe hier explizit und zum ersten Mal in der peruanischen Bildungsgeschichte berücksichtigt wurde. 1972 wurde das erste Gesetz für die »Politica Nacional de educación Bilingüe« (Nationale Politik zur bilingualen Erziehung) verabschiedet (vgl. Gleich 2001, 299). Das Gesetz »Ley General de Educación Bilingüe« von 1972 und das Gesetz zur Offizialisierung des Quechua von 1975 bildeten die gesetzlichen Grundlagen für die Entwicklung der bilingualen-interkulturellen Bildung (vgl. ebd., 299).

1973 wurde das »Dirección General de Educación Bilingüe« (Hauptrektorat für bilinguale Bildung) im Bildungsministerium eingerichtet. Die Forschungsarbeit konzentrierte sich im Wesentlichen auf die strukturelle Beschreibung autochthoner Sprachen und die Entwicklung von Methodologien für den Unterricht von Spanisch als Zweitsprache (vgl. ebd., 300).

Das Bildungsministerium förderte große Kampagnen zur interkulturellen und multilingualen Gesellschaft. Forschungen über die autochthonen Sprachen, die Dialekte und die regionalen Landesprofile wurden vom Bildungsministerium finanziell mitgetragen in enger Zusammenarbeit mit dem »Instituto Nacional de Investigación y Desarrollo Educativo – INIDE« (Nationalinstitut für Bildung, Forschung und Entwicklung) (vgl. ebd., 300).

Von 1950 bis 1970 hatte das peruanische Bildungsministerium eine Vereinbarung mit dem Summer Institute of Linguistics (auf Spanisch ILV[6]). Das ILV hatte den Auftrag, das Projekt »Castellanización y Civilización« (Kastellanisierung und Zivilisierung) für die Urwaldvölker zu entwickeln. Aus diesem Grund wurden die ersten didaktischen Materialien in verschiedenen Sprachen dieser Region angefertigt. Dieses Projekt wurde als Übergangsprozess verstanden, bei dem die Muttersprache nur nützlich ist, um die zweite Sprache zu erlernen. Vigil spricht von einem »subtrahierenden Bilinguismus« (Vigil 2003, 2).

Ende der 1970er Jahre entstand in ländlichen Gebieten Perus durch die Präsenz von Nichtregierungsorganisationen eine Reihe von Initiativen und Projekten zur bilingualen Erziehung. Mit der Unterstützung der GTZ[7] in Zusammenarbeit mit dem Bildungsministerium wurden von 1989 bis 1993 die ersten bilingualen Lehrer (Quechua und Aimara) an der Pädagogischen Hochschule von Puno ausgebildet. Andere Weiterbildungsprojekte für Lehrer haben sich im Laufe der Jahre entwickelt (vgl. Vigil 2003, 3). Der große Erfolg des PUNO-Projekts (von 1979 bis 1991) von der GTZ liegt gewiss in der Erarbeitung und Erstellung von Unterrichtsmaterialien in Quechua, Aimara und Spanisch in allen Unterrichtsfächern für die gesamte Primaria (Grundschule) (vgl. ebd., 301). Die grammatische Komplexität der regionalen Dialekte von Quechua und Aimara wurde progressiv in Schriftsprache standardisiert (vgl. ebd., 301).

Das erste universitäre Projekt der bilingualen Grundschule wurde in Ayacucho unter der Betreuung des »Centro de Investigación de Lingüística Aplicada – CILA« (Forschungszentrum für die angewandte Linguistik) ins Leben gerufen.

---

[6] Instituto Lingüístico de Verano ist eine religiöse Sekte »Wicliff Bible Translators«, die die Bibel in alle lateinamerikanischen indigenen Sprachen (über 500) übersetzt und in der Erziehung der indigenen Kinder ein Monopol geschaffen hatte (vgl. Abram 2004, 124).

[7] Deutsche Gesellschaft für Technische Zusammenarbeit

Die Arbeit fand bis 1989 statt, dem Zeitpunkt der massiven Bedrohung durch den »Leuchtenden Pfad«[8] (vgl. ebd., 301).

Seit Beginn der 1980er Jahre haben sich regionale Föderationen der indigenen Bevölkerungen konsolidiert und Bildungsinitiativen gebildet, die Interkulturalität als Bildungsstrategie mit dem Ziel der gegenseitigen Wertschätzung der Kulturen fordern (vgl. ebd., 290).

Situation der bilingualen interkulturellen Bildung in Peru (EBI)

Die Mehrsprachigkeit und die Sprachförderung sind umstrittene Themen in Peru. Bis vor einigen Jahren glaubte man an die Grundannahme von der sprachlichen Einheit des Territoriums und von der Einsprachigkeit als gesunden Normalfall. Karin Jampert spricht von einem »monolingualen Habitus«. So wird Mehrsprachigkeit oft nicht als Kompetenz angesehen, sondern als Problem (vgl. Brockman 2006, 82).

Seit dem Jahr 2000 hat die bilinguale interkulturelle Bildung in Peru einen wichtigen Platz innerhalb der nationalen Bildungspolitik eingenommen. Aber der Weg zu einer mehrsprachigen, interkulturellen, demokratischen Gesellschaft mit gleichen Rechten und gleichen Chancen für alle Menschen (indigene und nicht indigene) ist noch weit (vgl. Abram 2004, 118).

Bei der Betrachtung und Analyse des peruanischen Bildungswesens bis in die Gegenwart wird deutlich, dass die indigenen Völker sprachlich und kulturell schon immer diskriminiert wurden (vgl. Gleich 2001, 305). Skutnabb-Kangas äußert sich über die offizielle Einsprachigkeit der Länder:

> Ist Einsprachigkeit das Ergebnis einer Ideologie, die dem Rassismus nahe steht, nämlich Linguizismus – die Dominanz einer Sprache auf Kosten von anderen? (Skutnabb-Kangas 1992, 38)

Die schulische Bildung in Peru orientiert sich immer noch überwiegend an dem Stadtgebiet und der spanischen Sprache, wie beispielsweise am Unterrichtsprogramm des Curriculums zu erkennen ist. Das Curriculum entspricht in vielen Fällen nicht der Realität indigener Kinder, z. B. lernen sie im Anfangsunterricht

---

[8] In den 1980er Jahren begann die linksgerichtete Guerillaorganisation »Leuchtender Pfad« (Sendero Luminoso) einen bewaffneten Kampf gegen die Regierung.

(Buchstaben lernen) für »P« das Wort »piano« (Klavier) statt »piojo« (Laus) oder für »T« das Wort »tren« (Eisenbahn) statt »trigo« (Weizen) (vgl. Wagner 1982, 171). Die indigenen Kinder in Peru sollten nicht nur in zwei Sprachen beheimatet sein, sondern bei der Entwicklung des Curriculums sollten beide Kulturen berücksichtigt werden (vgl. Abram 2004, 126).

Der Schulkalender differenziert nicht nach den unterschiedlichen Regionen Perus. Die Schulferien in Peru dauern generell zwei Monate (von Januar bis Ende März). Grund dafür ist die Sommerhitze an der Küste. Diese Regelung gilt in ganz Peru, obwohl in anderen Regionen gänzlich andere Wetterbedingungen herrschen.

Nach der Äußerung von Bustos Paricio, zurzeit Direktor der Abteilung Bilinguale Interkulturelle Bildung (EBI) des peruanischen Bildungsministeriums, befinden sich »von vier Millionen Schülern in der Grundschule, 1.200.000 Schüler in ländlichen Gebieten und nur 200.000 bekommen eine bilinguale Erziehung. Wir decken 10 bis 15% dieser Bevölkerung ab« (Jiménez 2006).

Eine andere Problematik liegt darin, dass in den ländlichen Grundschulen die Mehrheit der Lehrer unidocentes[9] oder multigrados[10] sind. Eine einzige Lehrkraft unterrichtet in ländlichen Schulen häufig mehrere Klassenstufen und alle Fächer, im Fall einer bilingualen Schule sogar in zwei Sprachen (vgl. Ramirez 2004, 447).

Aufgrund des fehlenden Selbstbewusstseins indigener Eltern hinsichtlich des Stellenwerts der Bewahrung einheimischer Sprachen sind viele nicht mit der bilingualen Erziehung einverstanden. Sie befürchten, dass ihre Kinder wegen ihres Akzents, der Unsicherheit in der spanischen Sprache, grammatikalischer Fehler etc. diskriminiert werden, und bevorzugen es, dass ihre Kinder nur Spanisch in der Schule lernen, um nicht als »Indios«[11] oder »Cholos«[12] erkannt zu werden. Stereotype und Vorurteile sind im heutigen Peru noch überaus präsent.

---

[9] Unidocentes sind Lehrer für alle sechs Klassen und für alle Fächer in einer ländlichen Schule. Sie übernehmen auch die Stelle des Schuldirektors.

[10] Multigrados sind Lehrer, die mehrere Klassen und alle Fächer in einer ländlichen Schule unterrichten.

[11] Dem Lebensraum der »Indios« wird in Peru eine negative Eigenschaft zugesprochen.

[12] Dem Stereotyp der »Cholos« entspricht ein naiver Mensch, der aus den Anden kommt und sich nicht richtig auf Spanisch artikulieren kann.

Die gegenwärtige EBI in Peru

Im Jahr 1996 wurde die Koordinationsstelle für bilinguale interkulturelle Bildung (EBI) im peruanischen Bildungsministerium wieder eingerichtet (Vigil 2003, 5).

Die aktuellen allgemeinen Ziele von EBI sind:

- eine bilinguale und multikulturelle Erziehung für indigene Kinder in ländlichen Gebieten vom Kindergarten bis zur Grundschule;
- die Förderung des Lernniveaus und des Selbstwertgefühls der Kinder durch eine additive und koordinierte bilinguale Erziehung;
- die Bewältigung von diskriminierendem Verhalten in der schulischen Erziehung, um Gerechtigkeit und Chancengleichheit für alle Staatsbürger zu erreichen (vgl. Abram 2004, 119).

Die bilinguale interkulturelle Bildung (EBI) richtet sich an die Schüler, die eine autochthone Sprache als Muttersprache besitzen (L1) und Spanisch als Zweitsprache lernen (L2) (vgl. Cueto/Secada 2003, 149).

Nach Informationen des peruanischen Bildungsministeriums bestanden die wichtigsten Maßnahmen von EBI in der Fortbildung von ungefähr 10.000 Lehrern in ländlichen Gebieten und in der Anfertigung von didaktischen Materialien in fünf Sprachen (Quechua, Aimara und drei anderen Sprachen aus dem Urwald) (vgl. Ramirez 2004, 31). Sowohl das Gesamtkonzept als auch die Ausführung des EBI-Programms durch das Bildungsministerium wurden stark kritisiert. Laut der Linguistin Vigil war die Diversifizierung des Curriculums für Kindergarten und Grundschule nur eine Übersetzung aus dem Spanischen in die indigenen Sprachen, d. h., dass methodisch-didaktische Arbeit und kulturelle Unterschiede nicht berücksichtigt wurden. Das Projekt EBI betrachtet nur den Fall L1~L2. Das bedeutet, dass Kinder, die eine indigene Sprache als Muttersprache haben, Spanisch lernen müssen. Aus dieser Sicht werden die Kinder, die in bilingualen Familien aufwachsen, nicht berücksichtigt (Vigil 2003, 5).

In Peru gibt es immer weniger monolinguale Völker. Es ist nicht außergewöhnlich, Bevölkerungen zu finden, deren Kinder zwei Sprachen als Muttersprache haben (z. B. Quechua und Spanisch). Andererseits kommt es in vielen indigenen Dörfern zunehmend zum Verlust der ursprünglichen Sprache. Die Bewohner wünschen sich einen gezielten Unterricht, um ihre einheimische Sprache als kulturelles Erbe wieder zu erlernen.

Vigil berichtet, dass in vielen Fällen das Quechua, das in der Schule unterrichtet wird, von den indigenen Eltern nicht verstanden wird. Grund dafür ist, dass Texte in einheimischen Sprachen mit der grammatischen Logik der spanischen Sprache geschrieben sind. Von daher häufen sich in den schulischen Texten die Neologismen, z. B. »subraya el sujeto de las oraciones del siguente párrafo« (unterstreicht das Subjekt der Sätze des Textabschnitts) (Vigil 2003, 6).

Eine Studie von Ivette Arévalo (2003) hat gezeigt, dass die bilingualen Lehrer (Quechua – Spanisch) keine ausreichenden Kenntnisse besitzen, um auf Quechua zu schreiben. 30,4% der bilingualen Lehrer können einen Text auf Quechua nicht verfassen und 67,8% einen schlecht geschriebenen Satz in Quechua nicht erkennen. Dieser Zustand lässt vermuten, dass die allgemeine bilinguale Erziehung in Gefahr ist (ebd., 7).

Auch die Elternarbeit wird stark kritisiert, weil viele indigene Eltern dem EBI-Programm nicht zustimmen. Sie sehen ihre Kinder gegenüber den nicht indigenen Schülern im Nachteil und sind der Meinung, dass ihre Kinder für den zweisprachigen Unterricht mehr Zeit aufwenden müssen. Tatsächlich allerdings arbeiten die EBI-Schulen ebenso wie die anderen staatlichen Schulen in Peru fünf Stunden am Tag (ebd., 7).

Schlussbemerkung

Es ist umstritten, dass die Bildungssituation in Peru sich in den letzten 20 Jahren grundsätzlich verbessert hat. Zwar ist auch den indigenen Kindern der Zugang zu Bildung ermöglicht worden, allerdings bleibt ihre Bildungsbeteiligung immer noch hinter der der Mestizen zurück und ist in den Städten höher als in ländlichen Gebieten (vgl. Abram 2004, 121).

Die Studien zeigen, dass die Mehrheit der Kinder, die eine autochthone Sprache als Muttersprache besitzen, von einer bilingualen Erziehung ausgeschlossen ist. Seit 1972 ist die Bildungschancengleichheit für autochthone Gruppen rechtlich anerkannt. Die Realität zeigt jedoch, dass die indigenen Schüler in den ländlichen Regionen in starker Armut leben und schlechte Bildungsangebote erhalten.

Die Kritiker betonen, dass in dem neuen EBI-Curriculum kein großer Wert auf die Beziehung von Sprache und Denken, Kultur und Ethnizität gelegt wurde, sondern bezeichnen es als eine rein instrumentale Bildungsreform (vgl. Gleich

2001, 303). Es ist unverzichtbar, mit Hilfe einheimischer Experten die gegebene Realität und die Bedürfnisse zu analysieren und ein spezifisches Modell zu entwickeln. So kann erreicht werden, dass die Annahme und Umsetzung in der Praxis erleichtert und in der Folge die Kluft zwischen Gesetz und Realität verringert wird.

Die indigenen Sprachen in Peru sind aufgrund der Kolonialgeschichte und der aktuellen globalen Entwicklung als bedrohte Sprachen einzustufen (vgl. Gleich 2001, 305). Vielen ethnischen Gruppen ist es trotz des Einflusses der europäischen Kultur gelungen, ihre Werte zu erhalten, zu pflegen und den Erfordernissen des Zeitenwandels anzupassen (vgl. Gleich 2001, 290). Aber nicht alle Völker haben denselben Werdegang. Oft sieht sich die Elterngeneration nicht mehr in der Lage, die gesamte Tradition zu vermitteln. In solchen Fällen ist es die Aufgabe der Bildung, die Identität dieser indigenen Völker zu bewahren (vgl. Abram 2004, 121).

Tatsache ist, dass die Regierung in Peru mit einem menschlich gerechten pädagogischen Prozess begonnen hat. Es steht zwar außer Frage, dass er verbesserungsbedürftig ist, aber es wurden erste wichtige Schritte unternommen, um Gerechtigkeit und Gleichheit zu erreichen. Damit alle indigenen Kinder in Peru in der Realität davon profitieren können, muss die bilinguale interkulturelle Bildung (EBI) von dieser Regierung und den folgenden peruanischen Regierungen zuverlässig und kontinuierlich fortgeführt werden.

Literatur

Abram, M. (2004): Indigene Völker, Bildung und Kultur: Interkulturelle zweisprachige Erziehung. In: Deutsche Gesellschaft für technische Zusammenarbeit – GTZ (Hrsg.): Indigene Völker in Lateinamerika und Entwicklungszusammenarbeit. Eschborn: Kasparek-Verlag

Afemann, U. (1999): Peru Schule ans Netz. In: Vortrag beim Internationalen Workshop »Informationstechnologien zur Modernisierung der (Aus)Bildung in Entwicklungsländern«, Fachbereich Informatik der TU Berlin. www.home.uni-osnabrueck.de/uafemann/Internet_Und_Dritte_Welt/.hmtl (10.12.2006)

Auswärtiges Amt (2006): www.auswaertiges-amt.de

Benavides, M. (2004): Informe de Progreso Educativo, Peru 2003. In: Programa de Promoción de la Reforma Educativa en América Latina y el Caribe (PREAL). www.educared.edu.pe/mundo3.asp?id_articulo=343 - 22k (10.12.2006)

Böhling, V. (2006): »a la Franca« Lebensrealitäten von Straßen- und Bandenkindern in Lima, Peru. Frankfurt a. M./London: Verlag für interkulturelle Bildung

Brockmann, S. (2006): Diversität und Vielfalt im Vorschulbereich. In: Leiprecht, R./ Meinhardt, R./Fritsche, M./Schmidtke, H.-P./Grieb, I. (Hrsg.): Schriftenreihe des Interdisziplinären Zentrums für Bildung und Kommunikation in Migrationsprozessen (IBKM) an der Carl von Ossietzky Universität Oldenburg, 25. Oldenburg: Bis. Verlag

Cueto, S./Secada, W. (2003): Eficacia escolar en escuelas bilingües en Puno, Perú. In: REICE: Revista Electrónica Iberoamericana sobre Calidad, Eficacia y Cambio en Educación. http://dialnet.unirioja.es/servlet/oaiart?codigo=638713 (16.07.2007)

Defensoria del Pueblo (2001): Informe Defensorial 63, Situación de la Educación Especial en el Perú: hacia una Educación de Calidad. Lima: NAVARRETE

Dirección Nacional de Educación Intercultural Bilingüe y Rural – DINIBE (2007): La participación de los pueblos indígenas y comunidades rurales en el proyecto de Educación en Áreas Rurales – PEAR. In: Ministerio de Educación Documento de Trabajo. www. minedu.gob.pe/dineibir/ xtras/ParticipacionPI-CRenPEAR.pdf (07.08.2007)

Garcia, J./Ossenbach, G./Valle, J. (2001): Génesis, estructuras y tendencias de los sistemas educativos iberoamericanos. In: Cuadernos de la OEI. Madrid: Aklef de Bronce

Gleich, U. von (1982): Die soziale und kommunikative Bedeutung des Quechuas und Spanischen bei Zweisprachigen in Peru. Hamburg

Gleich, U. von (2001): Mehrsprachigkeit und Multikulturalität im peruanischen Bildungswesen. In: Sevilla, R./Sobrevilla, D. (Hrsg.): Peru – Land des Versprechens? Bad Honnef: Horlemann

Jiménez, F. (2006): Peru: Sólo entre 10 y 15 por ciento de los niños que viven en comunidades acceden a la educación bilingüe In: aulaintercultural. www.aulaintercultural. org/article.php3?id_article=1883 (15.07.2007)

Ramírez, E. (2004): Estudio sobre la educación para la población rural en Perú. In: Proyecto FAO-UNESCO-DGCS Italia-CIDE-REDUC. http://www.unesco.cl/esp/ept/focoest/6.act?menu=/esp/ (09.07.2007)

Skutnabb-Kangas, T. (1992): Mehrsprachige Erziehung von Minderheitenkindern. In: Sprachverband – deutsch für ausländische Arbeitnehmer e.V. (Hrsg.): Deutsch lernen. Zeitschrift für den Sprachunterricht mit ausländischen Arbeitnehmer. Nr.1/92. Baltmannsweiler: Schneider

Sobrevilla, D. (2001): Zur Entwicklung und Lage der Kulturen in Peru. In: Sevilla, R./ Sobrevilla, D. (Hrsg.): Peru Land des Versprechens? Bad Honnef: Horlemann

Vexler, I. (2004): Informe sobre la Educación Peruana, Situación y Perspectivas. www. ibe.unesco.org/International/ ICE47/English/Natreps/reports/peru.pdf (20.10.2006)

Vigil, N. (2005): El uso asistemático de las Lenguas en las mal llamadas Escuelas EBI del Peru. In: Revista Iberoamericana de educación. www.rieoei.org/edu_int3.htm (03.07.2007)

Vigil, N. (2003): Las lenguas de la selva y las políticas lingüisticas en el Peru. www.pucp.edu.pe/eventos/intercultural/pdfs/inter46.PDF (12.07.2007)

Wagner, M. (1982): Campesinokinder in Peru – Landschule zwischen eurozentrierter Bildung und andiner Kultur. Frankfurt a. M.: Campus

Jessica M. Löser
DER SETTLEMENT WORKER IN SCHOOL
Ein kanadisches Unterstützungsmodell für Familien mit Migrationshintergrund

Kanada gilt als ein Land, in dem die gesellschaftliche Teilhabe von Einwanderern und Einwanderinnen gut zu gelingen scheint. Aus internationalen Studien wissen wir, dass sich dies auch auf die schulische Integration von Schülerinnen und Schülern mit Migrationshintergrund bezieht. Während in Deutschland diese Gruppe schulisch besonders benachteiligt ist (vgl. Diefenbach 2002) und zu hohen Anteilen die Förderschule besucht (vgl. Kornmann/Kornmann 2003), ist – der OECD-Auswertung (2006) der PISA-Studie 2003 folgend – Kanada diesbezüglich weitaus erfolgreicher. Eine nähere Betrachtung der Situation in Kanada verspricht, neue Impulse in die deutsche Diskussion zu bringen.

Im Zentrum dieses Artikels steht die Frage, welche unterstützenden Maßnahmen Familien und Kinder mit Migrationshintergrund in der kanadischen Provinz Ontario erhalten. Der *Settlement Worker in School* ist in diesem Artikel ein Exempel für ein Unterstützungssystem, auf das Familien zugreifen können. Das Modell ist eingebettet in die gesellschaftlichen und bildungspolitischen Rahmenbedingungen, die darum im ersten Teil des Beitrags vorgestellt werden.

Gesellschaftliche und bildungspolitische Rahmenbedingungen

Einwanderung nach Kanada

Kanada zählt, wie die USA und Australien, zu den »klassischen« Einwanderungsländern. Die Bevölkerung wurde bis in die 70er Jahre des 20. Jahrhunderts durch viele Einwanderer und Einwanderinnen aus europäischen Ländern geprägt. Zwischen 1990 und 2001 kam die Mehrzahl der Immigranten aus Asien, z. B. aus China, Indien, den Philippinen und Pakistan (vgl. Statistics Canada

2001). Darüber hinaus ist eine Einwandererschaft aus Europa, Zentral- und Südamerika, Afrika und zu einem kleinen Teil auch aus den USA zu verzeichnen. Mit der hohen Zuwanderungsquote, die durch Einwanderungskriterien reguliert wird, wurde und wird die kanadische Gesellschaft zunehmend heterogener (vgl. ebd.). Der Zensus für das Jahr 2001 zeigt, dass insgesamt ca. 5,4 Millionen (ca. 18%) Einwohner und Einwohnerinnen außerhalb Kanadas geboren wurden. Ähnlich wie in anderen Ländern siedeln sich viele Immigranten vor allem in den Großstädten wie Toronto, Vancouver und Montreal an (vgl. ebd.).

Integrationspolitik

Handlungsleitend für die Integrationspolitik (»Politik des Multikulturalismus«) ist die Intention, die Herkunftskulturen der Einwanderinnen und Einwanderer aufrechtzuerhalten und zu fördern (vgl. Geißler 2003, 19). Es wird politisch keine assimilierende Sichtweise zu Grunde gelegt – womit sich Kanada deutlich von vielen anderen Ländern abgrenzt. Die kulturelle Heterogenität der kanadischen Gesellschaft wird nicht verneint, sondern im Gegenteil aufgegriffen und gefördert (ebd.). Die Fülle an verschiedenen Kulturen spiegelt sich auch in einigen *immigrant neighbourhoods* wider, über die in den letzten 30 Jahren vielfältige Forschungen durchgeführt worden sind (vgl. Schellenberg/Maheux 2007). In diesen »ethnischen Nachbarschaften«, z. B. *Chinatown*, werden häufig die Herkunftssprachen der Immigranten gesprochen, teilweise gibt es zweisprachige Straßenschilder. In einigen Gebieten leben Einwohner und Einwohnerinnen, die nur über geringe Kenntnisse in den offiziellen Landessprachen (Englisch und Französisch) verfügen (vgl. Statistics Canada 2001).

Herausforderungen der Migration und die Situation in der Gesellschaft

Die Ansiedlung in Kanada birgt verschiedene Anforderungen in sich. Mögliche Herausforderungen im Ansiedlungsprozess von Einwanderern und Einwanderinnen nach einem vierjährigen Aufenthalt in Kanada sind laut einer Studie von Schellenberg und Maheux (2007)[1] folgende: Zunächst ist festzustellen, dass die Mehrheit der Immigranten ihre Zukunft in Kanada positiv einschätzt. Zugleich

---

[1] Diese Studie umfasst Kanada insgesamt. Studien, die sich auf die Großstädte oder einzelne Provinzen beziehen, würden hier detailliertere Einsichten gewähren. An dieser Stelle soll jedoch ein allgemeiner Überblick gegeben werden.

zeigen sich jedoch Schwierigkeiten bei der Integration in den Arbeitsmarkt (ca. 46%) und dem Erlernen einer neuen Sprache (ca. 26%). Ebenfalls wurde der Aufbau von sozialen Netzwerken zum Teil als schwierig beschrieben. Allerdings sprachen lediglich 4,4% von diskriminierenden oder rassistischen Tendenzen. In der Studie zeigt sich ein guter Zugang zum Bildungssystem, da nur 2,7% hierzu Probleme nannten (vgl. Schellenberg/Maheux 2007).

Rückblickend sind in der historischen Entwicklung sowohl positive (z. B. die Anerkennung der Herkunftskulturen) als auch negative Aspekte im Umgang mit Migration und Kulturenvielfalt festzustellen. Als negativ ist der Umgang mit nach Kanada eingewanderten Japanern in der Zeit des Zweiten Weltkrieges zu nennen, der sich z. B. in Diskriminierungen geäußert hat (vgl. Cummins/Danesi 1990, 11). Auch ergibt die Betrachtung der kanadischen Bevölkerungsstruktur weiterhin, dass die »Ureinwohner« (Native people) heutzutage nur noch eine Minderheit darstellen und oft unter schwierigen Bedingungen leben (vgl. Geißler 2003, 19). Dies gilt insbesondere für die Kinder und Jugendlichen: »Of all Canadian minority groups, Native students experienced the most brutal suppression of language and culture in residential schools« (Cummins/Danesi 1990, 11). Der Umgang mit dieser Minoritätengruppe wird häufig kritisch eingeschätzt. Den Angehörigen dieser Minderheit wurde beispielsweise oftmals davon abgeraten, mit ihren Kindern in der Erstsprache zu sprechen (vgl. Cummins u. a. 2006). Über verschiedene Maßnahmen, wie z. B. Sprachförderangebote in den Sprachen der »Ureinwohner«, wird mittlerweile versucht, diesen Problemen entgegenzuwirken (zum Zweitspracherwerb der Urbevölkerung siehe ausführlicher Norris 2007).

Dahingegen ist der Einfluss der sogenannten Gründernationen (heute als Franko- und Anglokanadier bezeichnet) hervorzuheben, der sich in der kanadischen Gesellschaft in vielfältiger Weise, zum Beispiel durch den offiziell anerkannten Bilingualismus, bemerkbar macht (vgl. Geißler 2003, 19). Die offizielle Bilingualität wirkt sich auf viele Bereiche des gesellschaftlichen Lebens aus. Mit Blick auf die Schule sind hier vor allem die French-Immersion-Programs zu nennen, in denen Kinder in einigen Fächern auf Französisch unterrichtet werden, obwohl sie Französisch nicht als Erstsprache sprechen (vgl. Wilson/Lam 2004).

Schulische Situation von Kindern mit Migrationshintergrund

Für die hier geführte Diskussion ist vor allem relevant, dass die Schülerschaft in den Schulen, ausgelöst durch die hohen Einwanderungszahlen, entsprechend heterogen in Bezug auf die Herkunftsländer und die Erstsprachen ist (siehe für eine Analyse der bildungspolitischen Situation z. B. Wilson/Lam 2004)[2]. Dies spiegelt sich besonders in den Schulen in Vancouver und Toronto wider:

> Those speaking English as a second language make up 20 to 60 percent of the student populations in large cities such as Toronto and Vancouver. In the Vancouver School Board, for instance, only 39 percent of students reported English as the primary language spoken at home. (Duffy/Fellow 2004)

Trotz dieser hohen Heterogenität ist der Sonderauswertung der PISA-Studie 2003 zu entnehmen, dass die Schülerschaft mit Migrationshintergrund in Kanada ein ähnliches Leistungsniveau wie die restliche Schülerschaft zeigt (vgl. OECD 2006, 2).

Aus Studien und Statistiken ist somit bekannt, dass eine Vielzahl der Kinder in British Columbia und Ontario, insbesondere in Vancouver und Toronto, vor Schulbeginn sowie außerhalb der Schule nicht die englische Sprache spricht. Die Schulen bieten daher häufig entsprechende Fördermaßnahmen an, um eine schnellere schulische Integration zu ermöglichen. Neben einem breit gefächerten »Englisch als Zweitsprache«-Unterricht gibt es an vielen Schulen in Kanada auch die Möglichkeit, Unterricht in der Herkunftssprache zu erhalten (vgl. Wilson/Lam 2004). Ob und inwieweit die Förderung und der Einbezug der Herkunftssprache sinnvoll für den schulischen Lernprozess ist, wird in Kanada, wie auch in vielen anderen Ländern, z. B. in den USA (vgl. August/Shanahan 2006; Lütje-Klose/Tausch in diesem Band) oder Deutschland (vgl. Esser 2006; Gogolin u. a. 2006), in der theoretischen Debatte kontrovers diskutiert. Schon 1990 äußerten sich die kanadischen Autoren Cummins und Danesi (1990, 15) dahingehend, dass die Herkunftssprachen der Kinder nicht ausreichend gefördert oder einbezogen würden. Verschiedene aktuelle Studien (August/Shanahan 2006; Cummins 2001) zeigen, dass sich der Einbezug und die Förderung der Herkunftssprache positiv auf den Lernprozess in der noch zu erlernenden Schul-

---

[2] Eine differenzierte Analyse des kanadischen Schulsystems mit Blick auf Kinder mit Migrationshintergrund wird zurzeit im Rahmen eines internationalen Forschungsprojektes durch die Autorin durchgeführt.

sprache (in diesem Fall Englisch) auswirken kann. Cummins u. a. (2005, 2006) gehen daher davon aus, dass sich literale Kompetenzen in mehreren Sprachen förderlich auf die Entwicklung des Kindes auswirken. Der Einbezug der Herkunftssprache ist demnach sinnvoll für den schulischen Lernerfolg in einer zu erlernenden Sprache. In diesem Sinne befürworten sie bilinguale Modelle, um die mehrsprachige Schülerschaft mit Migrationshintergrund stärker zu integrieren. Diese theoretische Positionierung kann aus der Perspektive des Multikulturalismus im Sinne der Anerkennung als kohärent interpretiert werden.

Auch viele der zusätzlichen Unterstützungsmaßnahmen im Ansiedlungsprozess orientieren sich an der Integrationspolitik »Multikulturalismus«. Besonders hervorzuheben ist in diesem Zusammenhang die Maßnahme *Settlement Worker* (SW), dessen Arbeitsort in einigen Stadtteilen Ontarios neuerdings in die Schule verlagert wurde: *Settlement Worker in School* (SWIS)[3]. Die Maßnahme SWIS soll im Folgenden genauer erörtert werden.

Der *Settlement Worker in School* (SWIS) als ein Unterstützungsmodell im Ansiedlungsprozess

In einigen Städten Ontarios, z. B. in Toronto, Ottawa und Hamilton, werden SW häufig an Schulen eingesetzt (vgl. Ontario Council of Agencies Serving Immigrants 2005a). Ein *Steering Committee* entscheidet jeweils individuell, wie sie in einem Stadtteil am besten die neu nach Kanada immigrierten Einwanderer und Einwanderinnen erreichen können und ob sie einen SW in den Schulen des Wohngebietes einsetzen (vgl. ebd.). Mit Hilfe des Komitees wird das Programm begleitet und gesteuert (vgl. Ontario Council of Agencies Serving Immigrants 2003a, 3f.). Die Verlagerung des Arbeitsplatzes lag in der Annahme begründet, dass eine sehr hohe Anzahl von Migranten und Migrantinnen eine Schule aufsucht, um ihre Kinder zur Beschulung anzumelden (vgl. Ontario Council of Agencies Serving Immigrants 2005a).

---

[3] Der Einsatz der *Settlement Worker in School* findet in Kooperation zwischen den *Settlement Agencies, Boards of Education and Citizenship* und *Immigration Canada* statt (vgl. Ontario Council of Agencies Serving Immigrants, 2005a).

Vielfältige und konkrete Unterstützung für Immigranten

Der SWIS steht den Familien in ihren ersten Jahren der Immigration als Berater zur Verfügung, versucht, sich nach den individuellen Bedürfnissen der Immigranten zu richten und leistet Hilfestellungen bei verschiedenen Problemen (Ontario Council of Agencies Serving Immigrants 2005a). Durch den SWIS erfahren die Migranten und Migrantinnen vor allem in den Bereichen Wohnungssuche, Behördengänge (vgl. Ontario Council of Agencies Serving Immigrants 2005b) und bei der Integration in den Arbeitsmarkt (vgl. Alboim/Maytree Foundation 2002) Unterstützung.

Insbesondere Informationen über den Bildungsbereich werden durch den *Ontario Council of Agencies Serving Immigrants* (2005a) als Teil des Ansiedlungsprozesses hervorgehoben und stehen daher häufig im Zentrum der Beratungsprozesse: »Learning about the education system is part of the settlement process« (ebd., o. S.). Den Eltern und Jugendlichen im *high school*-Alter ist es möglich, relevante Informationen über die schulischen Anforderungen zu erhalten, zum Teil mit Hilfe von Videoaufnahmen (vgl. Ontario Council of Agencies Serving Immigrants 2005a). So können sie z. B. im Vorfeld Materialien über den Sinn und Nutzen der Gespräche zwischen den Lehrpersonen und den Eltern (*Parent Teacher Interviews*) erhalten (vgl. Ontario Council of Agencies Serving Immigrants 2006a, 2006b). Ebenfalls gibt es einen *Newcomers' Guide to Elementary and Secondary School*, in dem wichtige Informationen zum Schulsystem vorgestellt werden und der in 18 verschiedene Sprachen übersetzt wurde (vgl. Ontario Council of Agencies Serving Immigrants 2005a).

Frühe Kontaktaufnahme

Der SWIS versucht, frühzeitig mit den Familien in Kontakt zu treten, um den Migranten und Migrantinnen in ihrem Ansiedlungsprozess zu helfen, denn: »Experiences show that clients are most responsive to meeting with the SW during their first few months in the community« (Ontario Council of Agencies Serving Immigrants 2003b, 3). Für weitergehende Hilfsangebote, die über die Anfangszeit hinausgehen, sind andere Einrichtungen vorzufinden, an die die SWIS die Immigranten entsprechend verweisen (vgl. Ontario Council of Agencies Serving Immigrants 2005a). Auch gibt es an vielen Schulen einen *social worker*, der als Ansprechpartner für weitere Fragen zur Verfügung steht (vgl. Ontario Council of Agencies Serving Immigrants 2003a). Anders als der *social worker* ist der SWIS in erster Linie für den »Ansiedlungsprozess« zuständig.

In dieser Maßnahme wird die Schule als Schnittstelle zwischen den Immigranten und den Behörden genutzt.

> Schools are one of the first services that newcomers connect within the community. With the cooperation of the school, the SWIS worker systematically contacts all newcomer families to orient them to school and community resources and to refer them to specific services. (Ontario Council of Agencies Serving Immigrants 2005a, o. S.)

Aus dieser Betrachtung heraus erfährt der SW in der Schule eine besondere Bedeutung. Da die Institution Schule für viele Familien eine erste Anlaufstelle darstellt, ist gerade die systematische Unterstützung beim Ansiedeln hilfreich.

Höhere Transparenz zwischen Schule und Familie

Der SWIS kann für Übersetzungen zur Verfügung stehen, so dass erste wichtige Informationen ohne Hinzuziehen eines offiziellen Übersetzers ausgetauscht werden können (vgl. Ontario Council of Agencies Serving Immigrants 2003b, 3). Damit informiert eine »schulunabhängige« Person über relevante Aspekte des Schulsystems. Es ist auf beiden Seiten mehr Transparenz vorhanden, so dass das Verhältnis zwischen Elternhaus und Schule gefördert wird. Für die Kinder wird ein guter Schulstart ermöglicht, indem sich die gesamte Familie willkommen fühlt. SWIS stellt damit eine gelungene Form von »Öffnung der Schule« dar. Durch den neutralen Vermittler wird das Verhältnis zwischen Elternhaus und Schule gestützt (vgl. ebd.).

Kooperation mit dem Kollegium

Regelmäßig sollen Treffen zwischen der Schulleitung und dem SWIS stattfinden. Hier wird eine Transparenz im Kollegium über die Arbeit des SWIS geschaffen. Außerdem werden Vereinbarungen getroffen, inwiefern und auf welche Weise der SWIS die Schule in der Zusammenarbeit mit den Eltern unterstützen kann (vgl. Ontario Council of Agencies Serving Immigrants 2003b, 7f.). Ebenfalls wird abgesprochen, wie der SWIS über Schulaktivitäten informiert und einbezogen wird und gegebenenfalls unterstützend tätig sein kann. Im Aufgabenbereich des SWIS liegt es, das Kollegium regelmäßig über die Arbeit zu unterrichten (vgl. ebd.).

Seitens der Schule erhalten die SWIS Informationen über neue Immigranten. Die Kontaktaufnahme kann bei der Schulanmeldung oder bei anderen Schulaktivitäten (z. B. Schulfesten) stattfinden (vgl. ebd., 4). Folgendes Beispiel verdeutlicht eine mögliche Kontaktaufnahme: Wenn eine Familie ihr Kind in einer Schule anmeldet, dann erfolgt dies zunächst im Sekretariat. Wenn die Familie neu in Kanada ist, kann ihnen ein SWIS zur Verfügung gestellt werden. Indem ein kontinuierlicher Ansprechpartner in der Schule des Stadtteils (oder in einer in der Nähe liegenden Schule) zu sprechen ist, kann die »Schwellenangst« vor Behörden verringert werden (vgl. ebd.).

Entlastung von Lehrpersonen und Familien

Es wird angenommen, dass auch die Schulen von dieser Einrichtung profitieren:

> In their ongoing relationship with newcomer families, school staff will find it useful to understand the settlement process and how to best communicate with newcomer families about education issues. (Ontario Council of Agencies Serving Immigrants 2003a, 8)

Damit erfahren nicht nur die Eltern, sondern auch die Lehrpersonen Entlastung. Generell kann eine Lehrperson den SWIS ansprechen, um eine Familie hinsichtlich spezieller schulischer Themen zu unterstützen und als Vermittler tätig zu werden. Auch Gruppentreffen von mehreren Immigranten (unter Einbeziehung von Kinderbetreuung) können arrangiert werden: So können mehrere Familien gleichzeitig informiert werden. Darüber hinaus wird ein Austausch zwischen den neu nach Kanada gekommenen Familien ermöglicht (vgl. Ontario Council of Agencies Serving Immigrants 2003b, 10f.).

Zentral ist dabei, dass nicht nur die Eltern von der Unterstützung profitieren, sondern auch die Kinder in ihrem Lernprozess. Seitens des *Ontario Council of Agencies Serving Immigrants* wird hinsichtlich des SWIS festgestellt:

> The first few years in Canada are particularly difficult for newcomer students and their families. SWIS connects newly arrived families to services and resources in the school and the community in order to promote settlement and foster student achievement. (Ontario Council of Agencies Serving Immigrants 2005a, o. S.)

Mit Hilfe des SWIS wird daher eine Möglichkeit geschaffen, sowohl die Familien mit der Schule zusammenzuführen, als auch die Kinder mit Migrationshintergrund im schulischen Integrationsprozess zu unterstützen.

Kultureller und sprachlicher Hintergrund des Settlement Workers *als Ressource*

Wesentlich ist, dass die meisten SWIS über eine Vielzahl von Sprachkenntnissen und eigene Migrationserfahrungen verfügen. Wenn sie selbst eine andere Sprache als die Familien sprechen, sind sie zumeist in der Lage, den Familien einen SWIS zu vermitteln, der ihre Herkunftssprache spricht (vgl. Ontario Council of Agencies Serving Immigrants 2003b, 1ff.). Da oft ein ähnlicher kultureller Hintergrund vorliegt, kann der SWIS sich häufig in Fragen und Probleme der Familien hineinversetzen und ihnen entsprechende Hilfsangebote eröffnen. Generell gilt, dass die Hilfestellungen durch den SWIS den kulturellen Werten und Normen der Immigranten entsprechen sollen. Grundlegend ist es für die Arbeit, andere kulturelle Sichtweisen nicht abzuwerten (vgl. ebd., 2f.). Der gemeinsame Migrationshintergrund ermöglicht hierbei eine gute Vertrauensbasis, die auch durch die Gesprächsvertraulichkeit unterstützt wird. Der kulturelle Hintergrund der Immigranten wird folglich berücksichtigt und anerkannt (vgl. ebd., 6).

Sprachbarrieren, wie in der Studie von Schellenberg and Maheux (2007) beschrieben, können in der Kommunikation mit der Schule und mit den Behörden durch den oftmals mehrsprachigen SWIS abgebaut werden, so dass die Anzahl der Missverständnisse reduziert werden kann. Die kulturelle Herkunft der SWIS und ihre Sprachenkompetenz werden ressourcenorientiert eingesetzt.

Abschließende Betrachtung

Die gesellschaftlichen und bildungspolitischen Erörterungen verdeutlichen, dass es in Kanada in vielerlei Hinsicht handlungsleitend ist, auf die kulturelle Heterogenität der Eltern bzw. der Kinder Rücksicht zu nehmen und sie mit Hilfe von Maßnahmen und Unterstützungssystemen in den Schulalltag zu integrieren. Es zeigt sich dabei, dass in Kanada auf nationaler Ebene verschiedene Themenbereiche der Integration diskutiert und weiter entwickelt werden. Projekte und Maßnahmen werden evaluiert, ausgebaut und neu eingerichtet. Dabei steht in der Regel, wie z. B. am SWIS deutlich wurde, nicht die Assimilationsfunktion der Immigranten im Vordergrund, die bei uns, also in Deutschland, häufig das Leitbild darstellt.

Ob der starke Effekt, der in Ontario mit dem Modell SWIS erzielt wird, auch an deutschen Schulen zu erreichen ist, wäre zwar wünschenswert, muss zunächst jedoch offen bleiben und bedarf weiterer Forschung und Analysen. Die Einrichtung ist in Kanada erfolgreich, weil sie zu einem Gesamtkonzept des Umgangs mit sprachlicher und kultureller Heterogenität gehört und auch andere Elemente damit verknüpft sind, zum Beispiel der Unterricht in der Herkunftssprache. Deshalb wäre unter anderem zu klären, inwiefern sich die Effizienz des SWIS insbesondere aus dem Kontext des kanadischen Schulsystems und seinen gesellschaftspolitischen Grundlegungen heraus begründet.

Literatur

Alboim, N./The Maytree Foundation (2002): Fulfilling the Promise: Integrating Immigrant Skills into the Canadian Economy. http://www.maytree.com/PDF_Files/FulfillingPromise.pdf

August, D./Shanahan, T. (Hrsg.) (2006): Developing literacy in second-language learners. Mahwah/NJ: Lawrence Erlbaum Associates

Cummins, J./Danesi, M. (1990): Heritage Languages. The development and denial of Canada's linguistic resources. Toronto: Our Schools/Our Selves Education Foundation

Cummins, J. (2001): Negotiating identities: Education for empowerment in a diverse society. Los Angeles: California Association for Bilingual Education, 2. Auflage

Cummins, J./u. a. (2005): Affirming Identity in Multilingual Classrooms. In: Educational Leadership, 63 (1), 38-43

Cummins, J./u. a. (2006): Community as Curriculum. In: Language Arts, 83 (4), 297-307

Diefenbach, H. (2002): Bildungsbeteiligung und Berufseinmündung von Kindern und Jugendlichen aus Migrantenfamilien. In: Diefenbach, H./Renner, G./Schulte, B. (Hrsg.): Migration und die europäische Integration. München: Deutscher Jugenddienst, 9-70

Duffy, A./Fellow, A. (2004): Why Canada's schools are failing newcomers. In: Toronto Star, http://blogcritics.org/archives/2004/09/25/073421.php

Esser, H. (2006): Migration, Sprache und Integration. Frankfurt a. M./New York: Campus

Geißler, R. (2003): Multikulturalismus in Kanada – Modell für Deutschland? In: Aus Politik und Zeitgeschichte, 26, 19-25

Gogolin, I./u. a. (2006): Eine falsche Front im Kampf um die Sprachförderung. Stellungnahme des FÖRMIG-Programmträgers zur aktuellen Zweisprachigkeitsdebatte. FÖRMIG-Newsletter Mai 2006. http://www.blk-foermig.uni-hamburg.de/cosmea/core/corebase/mediabase/foermig/ pdf/Presse/Endfassung_Kampf_um_Sprachfoerderung.pdf

Kornmann, R./Kornmann, A. (2003): Erneuter Anstieg der Überrepräsentation ausländischer Kinder in Schulen für Lernbehinderte. Zeitschrift für Heilpädagogik, 54, 286-289

Norris, M. J. (2007): Aboriginal Languages in Canada: Emerging Trends and Perspectives on Second Language Acquisition. www.statcan.ca/english/freepub/11-008-XIE/2007001/11-008-XIE20070019628.htm

OECD (2006): Wo haben Schüler mit Migrationshintergrund die größten Erfolgschancen: Eine vergleichende Analyse von Leistung und Engagement in PISA 2003. www.oecd.org/dataoecd/2/57/36665235.pdf

Ontario Council of Agencies Serving Immigrants (2003a): Best Practices – SWIS Steering and Operations Committees. http://atwork.settlement.org/downloads/atwork/Best_Practices_SWIS_Steering_Committees_Final.pdf

Ontario Council of Agencies Serving Immigrants (2003b): Best Practices for School Settlement Workers. http://atwork.settlement.org/downloads/atwork/Best_Practices_School_Settlement_Workers_final.pdf

Ontario Council of Agencies Serving Immigrants (2005a): Settlement Workers in Schools (SWIS) – background information. http://atwork.settlement.org/sys/ atwork_library_detail.asp?doc_id=1003365

Ontario Council of Agencies Serving Immigrants (2005b): Access and Equity. http://atwork.settlement.org/ATWORK/AE/home.asp

Ontario Council of Agencies Serving Immigrants (2006a): Education – Tips for Parents: High School Courses and Choices. http://www.settlement.org/sys/library_detail.asp?doc_id=1003969

Ontario Council of Agencies Serving Immigrants (2006b): Education – Tips for parents: Parent teacher interview. http://www.settlement.org/sys/library_detail.asp?doc_id=1003970

Schellenberg, G./Maheux, H. (2007): Immigrants' perspectives on their first four years in Canada: Highlights from three waves of the Longitudinal Survey of Immigrants to Canada. http://www.statcan.ca/english/freepub/11-008-XIE/2007000/11-008-XIE20070009627.htm

Statistics Canada (2001): Ethnic diversity and immigration. http://www.statcan.ca

Wilson, D. N./Lam, T. C. (2004). Canada. In: Döbert, H. (Hrsg.): Conditions of school performance in seven countries. Münster: Waxmann, 14-64

Birgit Lütje-Klose, Christina Tausch
Mehrsprachige Kinder mit Migrationshintergrund in amerikanischen Schulen
Die Language Policy Debatte und ihre Folgen

In den USA ist der Umgang mit Phänomenen der Migration ein außerordentlich aktuelles und bildungspolitisch brisantes Thema. Vor allem die hohen Schulabbrecherquoten von Schülern mit geringen Englischkenntnissen (»Limited English Proficiency«) schreckten die Nation Ende des letzten Jahrtausends massiv auf und führten zu bildungspolitischen Veränderungen, allen voran dem »No Child Left Behind«-Gesetz der Bush-Administration von 2001. Der Staat Kalifornien, der mit Abstand die höchsten Einwandererquoten verzeichnet, war jahrelang führend im Hinblick auf die Entwicklung, Implementation und Evaluation bilingualer Modelle. Die »English only«-Bewegung, die diese Modelle als ineffektiv und zu teuer brandmarkt, erreichte dort mit einem Bürgerrechtsentscheid aus dem Jahr 1998 eine weitgehende Reduzierung bilingualer Unterrichtung. Im Artikel werden die Rahmendaten schulischer und insbesondere sprachlicher Förderung von Kindern mit Migrationshintergrund am Beispiel Kaliforniens dargestellt und Grundzüge der »Language Policy Debatte« herausgearbeitet.

Einwanderungsland USA

Die USA sind ein klassisches Einwanderungsland und als solches seit jeher durch eine große kulturelle und sprachliche Heterogenität geprägt. Dem Census 2000 zufolge nimmt diese Heterogenität weiterhin deutlich zu. Die klassischen europäischen Herkunftsländer der Immigranten des letzten und vorletzten Jahrhunderts wie England, Irland, Deutschland, Frankreich oder Italien werden heute abgelöst durch Länder aus dem süd- und mittelamerikanischen Raum (Mexiko, Dominikanische Republik, Haiti, Jamaika, El Salvador u. a.), dem asiatischen und pazifischen Raum (Philippinen, Vietnam, China, Indien) sowie dem mittleren Osten. Man spricht in diesem Zusammenhang von »new immigration« (vgl. Gershberg et al. 2004).

Die Bevölkerung der USA betrug zum Zeitpunkt des letzten Census (2000) 272 Millionen, davon sind 71% Weiße, 12,3% Schwarze, 3,6% asiatischer und pazifischer Herkunft. 0,1% gehören den Native Americans oder Alaskan Natives und 0,2% den Hawaiian Natives an. 2,4% gehören mehreren Gruppen an, 5,5% zählen als »Sonstige«. Die große Gruppe der südamerikanischen Immigranten, die als ethnische Gruppe ausgewiesen werden und in der Regel Spanisch sprechen, macht einen Anteil von 12,5% der amerikanischen Bevölkerung aus (U.S. Bureau of the Census 2000, zit. nach Battle 2002, XIV). In manchen Staaten hat sich durch die Zuwanderung der letzten zehn Jahre das Verhältnis der weißen Bevölkerung zu den anderen Gruppen umgekehrt. So sind im Staat Kalifornien Weiße nicht mehr in der Mehrheit: Die asiatischen und pazifischen Einwanderer machen zusammen mit den Hispanos über die Hälfte der einheimischen Bevölkerung aus.

Dementsprechend spricht ein zunehmender Anteil von Schülern im öffentlichen amerikanischen Schulsystem nicht Englisch als Herkunftssprache. In Kalifornien, wo fast ein Drittel aller mehrsprachigen Kinder der Nation lebt, besuchen derzeit 1,6 Millionen Schüler das öffentliche Schulsystem (Kindergarten bis 12. Klasse), ein Viertel von ihnen ist als »English Second Language Learner« (ELL) identifiziert. Die Schülerpopulation Kaliforniens wird heute als »majority-minority« beschrieben, da 41% aller Schüler im Elternhaus eine andere Sprache als Englisch sprechen (California State Department of Education 2007). Das gilt insbesondere für die fünf größten Städte Fresno, San Francisco, Los Angeles, San Diego und Long Beach (vgl. Gershberg et al. 2004).

Wie die Forschungsergebnisse der vergangenen Jahre zeigen, gelingt es dem Schulsystem nicht zufriedenstellend, den Förderbedürfnissen dieser Schülerschaft gerecht zu werden: Es gibt unter den mehrsprachigen Schülern überdurchschnittlich viele Schulabbrecher, sie erreichen schlechtere Testergebnisse und besuchen zu einem weit unterproportionalen Anteil weiterführende Bildungseinrichtungen (zit. nach Davies 1999, X). Diese Daten haben unter anderem dazu geführt, dass das »No Child Left Behind«-Gesetz (NCLB) besonders die Förderung von Schülern mit geringen Englischkenntnissen fokussiert. Schulen müssen jährlich nachweisen, dass ihre ELL-Schüler sprachliche Fortschritte gemacht haben (»adequate yearly progress«) und ihr Curriculum an die Bedürfnisse dieser Schüler anpassen. Ziel von NCLB ist es, dass alle Schüler bis 2014 das Jahrgangsziel in den Bereichen Mathematik und Lesen (Language Arts) erreichen, was durch Ergebnisse aller Schüler an den staatlichen Überprüfungstests (state assessment) nachgewiesen wird. Lehrer bzw. Schulen werden nun für die akademischen und sprachlichen Fortschritte ihrer Schüler zur Verantwortung gezogen: Wird der hohe geforderte Standard in den Tests nicht erreicht, verlieren die Schulen erhebliche Anteile an Fördergeldern. 95% aller Schüler müssen am »state assessment« teilnehmen, lediglich ELL-Schüler im ersten Sprachlernjahr können von diesen Testverpflichtungen befreit werden. Fünf Jahre nach der Einführung von NCLB konnte nachgewiesen werden, dass die Anforderungen für ELL-Schüler gewaltig gestiegen sind, die Schüler aber besser abschneiden als je zuvor (US Department of Education 2007). Andererseits wird ebenso berichtet, dass viele Lehrer sich durch NCLB erheblich unter Druck gesetzt fühlen, da die Testanforderungen in vielen Distrikten den Alltag eher erschwert haben: Es gehe jetzt hauptsächlich darum, die Schüler auf die anstehenden Tests vorzubereiten, und darüber hinaus finde Lernen kaum noch statt (Clewell et al. 2007, 15).

Auch im »Individuals with Disabilities Education Act« (IDEA 1997, rev. Form 2004) wird die Situation von Kindern mit anderen Herkunftssprachen als Englisch im Schulsystem an prominenter Stelle (IDEA 2004 Teil A § 601 [12] [A]) ausführlich beschrieben und ihre angemessene Förderung mit dem Ziel der Prävention ihres Schulversagens als nationale Aufgabe bezeichnet. Des Weiteren wird in diesem Paragraphen auf die Tatsache hingewiesen, dass Kindern anderer Herkunftssprachen viel zu oft fälschlicherweise sonderpädagogischer Förderbedarf zugeschrieben wird, obwohl ihre sprachlichen Schwierigkeiten das nicht rechtfertigen (§ 601 [11] [B]).

Schulische Leistungen von Schülern mit Migrationshintergrund – Die USA im Vergleich mit anderen OECD-Ländern

Betrachtet man das Abschneiden der USA international vergleichend wie bei den PISA-Studien, so fällt auf, dass die in den USA national festgestellten Desiderate sich geringer ausnehmen als in vielen anderen OECD-Ländern. Am Beispiel der PISA-Studie 2003 zum Lernbereich Mathematik, die speziell im Hinblick auf das Abschneiden von Schülern mit Migrationshintergrund ausgewertet wurde (vgl. OECD 2006), soll die Relation beschrieben werden: Schüler der ersten

Generation von Einwanderern schneiden in den USA leicht besser als im Durchschnitt der untersuchten OECD-Länder ab, wenn auch deutlich schlechter als Schüler ohne Migrationshintergrund. In der zweiten Generation besteht ein erheblicher positiver Unterschied zum OECD-Durchschnitt, und unter Einbeziehung des Bildungsabschlusses der Eltern ist in der zweiten Generation fast kein Unterschied mehr zu Schülern ohne Migrationshintergrund festzustellen. Damit werden nicht ganz die Werte von Kanada, Australien oder Japan erreicht, wo die Schüler der zweiten Migrationsgeneration sogar besser abschneiden als Schüler ohne Migrationshintergrund, aber dennoch zeigt sich auch in den USA, dass die fördernde Infrastruktur einer auf Immigration ausgerichteten Gesellschaft und Schule – und vermutlich der hohe politische Druck – vergleichsweise positive Auswirkungen auf den Schulerfolg haben (vgl. OECD PISA-Datenbank 2003, Tab 3.5, zit. in OECD 2006). Dagegen erreichen die Schüler der zweiten Migrationsgeneration, die von Anfang an im deutschen Schulsystem unterrichtet wurden, in Deutschland noch deutlich schwächere Werte als die der ersten Generation (vgl. ebd.) – ein Ergebnis, das von der OECD als besonders problematisch angesehen wird und im Vergleich zu den USA die weitaus ungünstigeren Förderbedingungen dieser Schülerschaft in Deutschland deutlich werden lässt.

Integrationsphilosophie und Sprachenpolitik

Blickt man in die US-amerikanische Geschichte, so ist die Multikulturalität und Vielsprachigkeit ein wesentliches Kennzeichen der Nation – und der Umgang damit war immer schon zwiespältig. Schon bevor im 18. Jahrhundert europäische Einwanderer nach Nordamerika kamen, wurden von den amerikanischen Ureinwohnern verschiedene Sprachen gesprochen. Bis Mitte des 19. Jahrhunderts wurde die Vielsprachigkeit der Einwanderer als übliches Phänomen hingenommen, so wurden wichtige offizielle Dokumente wie etwa die Artikel der Konföderation in mehreren Sprachen gedruckt und bilingualer Unterricht war in vielen Schulklassen die Normalität (Crawford 1989). Gleichzeitig unterlagen die Sprachen der Ureinwohner allerdings massiven Repressionen, so wurden 1880 erste English-only-schools mit außerordentlich repressivem Charakter für die Kinder von Native Americans eingerichtet. Auch einzelne Einwanderergruppen wurden sprachlich diskriminiert: So forderten die Republikaner 1921 einen Sprachtest für (traditionell demokratisch wählende) jiddischsprechende

Einwanderer als Grundlage für ihre Beteiligung an der Wahl. Die Akzeptanz oder Abwertung anderer Sprachen als Englisch war in den USA, so die Analyse Crawfords (ebd.), zu allen Zeiten vor allem eine politische Frage: Während das Fremdsprachenlernen unterstützt und einer Bildungselite empfohlen wird, werden die Sprachen der in diesem und im letzten Jahrhundert zugewanderten Immigranten aus dem asiatischen und südamerikanischen Raum oder den arabischen Staaten häufig missachtet und abgewertet.

Das Prinzip »English only«, demzufolge nur die Mehrheits- und Amtssprache Englisch im schulischen Kontext gefördert werden soll, wird heute von politischer Seite in den meisten Bundesstaaten vertreten, und auch bei vielen Lehrkräften bestehen Vorbehalte gegenüber den anderen Herkunftssprachen der Schüler (vgl. Gándara/Maxwell-Jolly/Driscoll 2005). Zurzeit existieren folgende Modelle der Unterrichtung in den beiden Sprachen: Submersion, Immersion und Two-way-immersion-Modelle (nach Baker/Prys-Jones, zit. nach Reich/Roth 2002, 17f.).

Unter Submersion wird die Einschulung der Kinder mit anderer Herkunftssprache in eine reguläre Klasse verstanden. Durch den englischsprachigen Unterricht und den Kontakt mit Mitschülern sollen die Kinder die Unterrichtssprache Englisch lernen. Zusätzliche Förderung im Englischen (ELL-Unterricht in pullout- oder inclusion-Modellen) kann für einen bestimmten Zeitraum hinzukommen.

Unter Immersion werden Modelle verstanden, die Unterricht im Englischen auf eine Weise erteilen, die den sprachlichen Voraussetzungen der Kinder angepasst ist. Die Lehrkräfte sind in der Regel qualifiziert für Englisch als Zweitsprache. Dazu gehören Modelle wie Einführungsklassen oder -kurse etc., in denen Englischanfänger in der englischen Sprache unterwiesen werden – in der Regel für eine begrenzte Zeit und ohne weiterführende Orientierung an den schulischen Lernstrategien und Fachinhalten.

Two-way-immersion-Modelle sind solche, in denen Schülerinnen und Schüler verschiedener Sprachgruppen in beiden Sprachen gemeinsam unterrichtet werden. In den bilingualen Klassen werden die Unterrichtsfächer dementsprechend in beiden Sprachen erteilt. Populär in Kalifornien sind auch die sogenannten »transitional bilingual education models«, in denen Kinder nur vom Kindergarten bis zur 3. Klasse bilingual unterrichtet werden.

Die English-only-Bewegung, die die Einbeziehung der Herkunftssprachen in die schulische Förderung ablehnt und die beiden erstgenannten Modelle favorisiert, erreichte 1998 in Kalifornien per Bürgerentscheid die Verabschiedung eines Gesetzes (Proposition 227 von 1998), das die bilinguale Unterrichtung in diesem Staat seitdem erheblich erschwert. Das ist umso erstaunlicher als Kalifornien seit den 1970er Jahren der Vorreiter bilingualer Unterrichtung war, hier wurden die meisten Modelle entwickelt, wissenschaftlich begleitet und evaluiert. Eltern haben seit der Proposition 227 zwar weiterhin das Recht, einen Antrag auf bilinguale Unterrichtung zu stellen (California State Department of Education 2007), allerdings sind sie oftmals nicht genug über ihre Rechte aufgeklärt, verstehen die Wahlmöglichkeiten unter Umständen nicht oder vermeiden aus sprachlichen Gründen das Beratungsgespräch in der Schule, so dass ihre Kinder viel häufiger als früher in den vom Staat präferierten »English Immersion«-Programmen verbleiben. Seit der Einführung von Proposition 227 sank die Anzahl der bilingual unterrichteten Schüler von 30% auf 8% (Parish et al. 2006).

Das Schulrecht sieht vor, dass alle als ELL klassifizierten Schüler zunächst ohne Ausnahmen 30 Tage das »Structured English Immersion Program« (SEI) besuchen, in dem die Unterrichtssprache Englisch ist, das Curriculum aber ihren spezifischen sprachlichen Bedürfnissen angepasst ist. Stellen die Eltern keinen Antrag zum Besuch sogenannter Alternativprogramme (z. B. »bilingual education«, »two way immersion«), so verbleiben die Schüler im SEI-Programm bis sie in einen »English Mainstream Classroom« umgeschult werden können. Der Zeitpunkt der Umschulung hängt von den englischen Sprachkenntnissen ab und soll nach spätestens einem Jahr erfolgen. Ein Wechsel zwischen den beiden Programmen ist immer möglich.

Im Gesetz wird betont, dass das »Structured English Immersion Program« unterstützende Elemente der Erstsprache enthalten kann. Jeder Schuldistrikt hat dafür zu sorgen, dass die Schulsprache »nearly all« oder »overwhelmingly« in Englisch geschieht – wie viel Unterstützung im jeweiligen Programm in der Erstsprache gegeben wird, liegt im eigenen Ermessen (California State Department of Education 2007). Neben den vom Staat vorgeschrieben English-only-Programmen existieren dabei überall auch verschiedene Alternativprogramme wie bilinguale Klassen:

> At least one sort of program is offered in every school with a minimum threshold of English language learners, and most schools with significant ELL populations offer more than one option for students. For example, one large elementary school in San Francisco offers some 12 Chinese »bilingual« classes and 10 Spanish »bilingual« classes, along with an almost equal number of SEI classes. (Gershberg 2004, 99)

Die Bandbreite der speziell auf mehrsprachige Schüler zugeschnittenen Angebote hängt allerdings auch davon ab, wie viele mehrsprachige Schüler insgesamt an einer Schule eingeschrieben sind. Nach einer Studie des Urban Instituts findet sich der größte Anteil im Grundschulbereich an wenigen, meist städtischen Schulen konzentriert (fast 70% der ELL-Schüler der gesamten Nation sind in 10% aller Grundschulen eingeschrieben, vgl. Cosentino de Cohen 2007). Die Schulen mit hohem ELL-Schüleranteil bieten ihren Forschungsergebnissen zufolge wesentlich häufiger Unterstützungsprogramme wie »before/after school enrichment«, »summer school«, »bilingual education« und »native language instruction« an. Auch werden den Lehrkräften an diesen Schulen wesentlich mehr Fortbildungs- und professionelle Unterstützungsmaßnahmen angeboten als dies in Schulen mit einem geringeren Anteil mehrsprachiger Schüler der Fall ist. ELL-Schüler in Schulen mit einer mehrheitlich einsprachig englischen Klientel haben demnach weniger Wahlmöglichkeiten in Bezug auf die Sprachförderung, ihre Testergebnisse werden nicht als gesonderte Gruppe dargestellt, sie erhalten vermutlich insgesamt weniger Unterstützung und werden eher in reinen »mainstream«-Klassen unterrichtet.

Empirische Ergebnisse zu einsprachiger versus mehrprachiger Förderung in den USA

Wie die genannten politischen Vorgaben und dokumentierten Entwicklungen in Kalifornien zeigen, wird die Diskussion um einsprachig mehrheitssprachliche versus bilinguale Unterrichtung und Förderung in den USA wie in vielen anderen Ländern kontrovers geführt. Die Vertreter bilingualer Modelle gehen mit Cummins (2006) von einer Interdependenz von Erst- und Zweitsprache aus, die dazu führt, dass schulische Förderung in der Erstsprache sich auch auf den Schulerfolg in der Zweitsprache positiv auswirkt. Die Berechtigung und der Erfolg bilingualer Unterrichtung werden durch eine aktuelle Metaanalyse der empirischer Daten durch eine staatlich eingesetzte Kommission in den USA gestützt (August/Shanahan 2006):

> There is no indication that bilingual instruction impedes academic achievement in either the native language or English, whether for language minority students, students receiving heritage language instruction, or those enrolled in French immersion programs. Where differences were observed, on average they favored the students

in a bilingual program. The meta-analytic results clearly suggest a positive effect for bilingual instruction that is moderate in size. (ebd., 397)

In einer Studie von Thomas und Collier (1997, 14ff.) zum Schulerfolg von Schülern mit language minority background werden diese Ergebnisse differenziert. Thomas und Collier werteten die Zeugnisse von 700.000 Schülern über 14 Jahren in fünf großen Schulbezirken aus. Sie kamen zu folgendem Ergebnis:

> Only those groups of language minority students who have received strong cognitive and academic development through their first language for many years (at least through grade 5 or 6) as well as through the second language (English) are doing well in school as they reach the last high school years. (ebd., 14)

Die schlechtesten Ergebnisse erreichten demnach diejenigen mehrsprachigen Schüler, die lediglich Förderunterricht im Bereich »English as a second language« in äußerer Differenzierung (pullout model) erhalten hatten.

Beispiele für unterschiedlicher Fördermodelle

Um die Vielfalt der Angebote für ELL-Schüler aufzuzeigen, sollen drei verschiedene Schulen vorgestellt werden (vgl. Parrish 2006):

An der Moscone Elementary School in San Francisco sind 60% aller Schüler als ELL klassifiziert, 80% der Schüler erhalten das sogenannte free lunch bzw. reduced lunch program, was als Indikator für einen hohen Anteil von Kindern aus Armutslagen gilt. An dieser Schule gibt es sowohl bilinguale als auch »structured immersion classrooms«. Bilinguale Klassen werden in Chinesisch und Spanisch angeboten. Von Jahrgang zu Jahrgang wird mehr Englisch in das Curriculum integriert, ab der 4. Klasse besuchen alle Schüler die regulären mainstream-Klassen.

Die Bennett-Kew Elementary School in Inglewood hingegen setzt in ihrem Programm mehr auf Immersion: Um den Schülern das Lernen zu erleichtern, werden die Hauptfächer neben dem Klassenlehrer von einem Spezialisten unterrichtet, der sich besonders mit Zweitspracherwerb beschäftigt (»co-teaching inclusion«).

Die Valley High School in Elk Grove hat neben regulären Lehrkräften zusätzliches Lehrpersonal mit den Muttersprachen Spanisch, Hmong, Chinesisch, Punjabi und Hindi angestellt, so dass die Schüler in den Hauptfächern in ihren

Muttersprachen unterrichtet werden können. Hauptprogramm ist das sogenannte »English partnership program«, das sich an den Sprachkenntnissen der Schüler orientiert. Es gibt ein Programm für neue Schüler, die über wenig oder keine englischen Sprachkenntnisse verfügen, einen mittleren Kurs für Schüler, die noch nicht fließend Englisch sprechen und somit die Textbücher, die auf die Universitätsanforderungen vorbereiten, noch nicht nutzen können, und fortgeschrittene Klassen, die auf dem Niveau eines Eingangslevels für Universitäten arbeiten.

Was können wir von der amerikanischen Entwicklung lernen?

Die amerikanische Diskussion um besondere Fördermaßnahmen für mehrsprachige Schülerinnen und Schüler zeigt ein öffentliches und politisches Bewusstsein für die Gefahr ihrer Bildungsbenachteiligung, von dem wir in Deutschland noch weit entfernt sind. Auch wenn das Thema seit ca. sieben Jahren bei uns verstärkt auf der Agenda steht und umfangreiche Fördermittel vorrangig in die vorschulische Sprachstandsfeststellung und Sprachförderung investiert werden, so sind die amerikanischen Maßnahmen weitaus umfangreicher und vielfältiger. Vor allem beziehen sie sich auf die gesamte Schulzeit und Übergangsphase in den Beruf und reagieren damit auf die Forschungsergebnisse, denen zufolge der (Zweit-)Spracherwerb ein mehrjähriger Prozess ist, der langfristig unterstützt werden muss, um Bildungsbenachteiligungen zu vermeiden (vgl. Reich/Roth 2002, 41).

Dass die Berücksichtigung der Herkunftssprachen bei den amerikanischen Fördermodellen deutlich zurückgegangen ist, obwohl es besonders in Kalifornien dafür eine umfangreiche Tradition und Infrastruktur gab, ist angesichts der Forschungsergebnisse zu den Erfolgen dieser Modelle (vgl. August/Shanahan 2006) besonders bedauerlich.

Die amerikanische Praxis ist, wie im Artikel dargestellt wurde, wesentlich pragmatischer und weniger dogmatisch als die verhärtete politische Diskussion: Es werden von den eigenverantwortlich über ihre Modelle entscheidenden Schulen diejenigen Fördermodelle umgesetzt, die besonders Erfolg versprechend im Hinblick auf die Leistungsentwicklung der Schüler sind. Die Berücksichtigung der Herkunftssprachen ist dabei nicht an durchgängig bilinguale Modelle gebunden, sondern kann in verschiedenen Unterrichtsfächern und -bereichen erfolgen. Dazu bedarf es mehrsprachiger Lehrkräfte und anderen Hilfspersonals in der Schule, eine Bedingung, die im integrativen amerikanischen Schulsystem weitaus häufiger erfüllt ist als im deutschen, noch immer vorrangig separativ ausgerichteten System.

Die Verpflichtung jeder einzelnen Schule und Region zur besonderen Förderung von Kindern mit anderen Herkunftssprachen als Englisch wird in den USA in hohem Maße durch den Einsatz standardisierter Leistungstests und die Drohung der Streichung von Fördermitteln bei unterdurchschnittlichem Abschneiden der Schule erreicht. Dieser politische Druck ist außerordentlich kritisch zu sehen, wenn individuelle Bedingungen und konzeptionelle Entwicklungen engagierter Schulen mit hohem Anteil von ELL-Schülern dadurch ignoriert und über einen Kamm geschoren werden. Es besteht die Gefahr, dass Schulen in wirtschaftlich schwachen und besonders benachteiligten Regionen durch dieses Instrument nochmals benachteiligt werden – und auch hier zeigt sich eine Entsprechung in Deutschland, wo z. B. Grundschulen mit hohem Anteil an Schülern mit Migrationshintergrund durch die Verpflichtung zur Durchführung vorschulischer Sprachförderung in Bezug auf ihre Förderressourcen in den weiteren Jahrgängen »ausgetrocknet« werden und ihre langjährig entwickelten Förderkonzepte nicht mehr umsetzen können. Eine größere Bandbreite individueller Umsetzungsformen und Bedingungen anstelle einer Gewährung und Entziehung von Mitteln nach dem »Gießkannenprinzip« wäre sicher angemessener. Dennoch zeigen die amerikanischen Ergebnisse, dass die Verpflichtung wirklich aller Schulen, sich mit den Förderbedürfnissen mehrsprachiger Kinder zu beschäftigen, insgesamt gesehen erfolgreich ist. Ein »Versickern« der für die Sprachlerner bestimmten Ressourcen im Vertretungsunterricht oder den unterschiedlichsten sonstigen Angeboten, wie es sich in deutschen Schulen immer wieder beobachten lässt, werden Schulen unter solchen Bedingungen im eigenen Interesse vermeiden.

Literatur

August, D./Shanahan, T. (Hrsg.) (2006): Developing Literacy in Second Language Learners. Mahwah, NJ: Laurence Earlbaum Associates Publ.

Battle, D. E. (2002): Communication Disorders in Multicultural Populations. Woburn, MA: Butterworth Heinmann

California Department of Education (2007): English Learners in California Frequently Asked Questions. http://www.cde.ca.gov/sp/el/er/documents/elfaq.doc (30.09.2007)

Clewell, B. C. (2007): Promise or Peril? NCLB and the Education of ELL students. Washington, DC: The Urban Institute

Cosentino de Cohen, C./Clewell, B. C. (2007): Putting English Learners on the Ecucational Map. The No Child Left Behind Act Implemented. In: Education on Focus, May 2007. Washington, DC: The Urban Institute

Crawford, J. (1989): Bilingual Education: History, Politics, Theory, and Practice. Trenton, NJ: Crane

Cummins, J./Brown, K./Syers, D. (Hrsg.) (2006): Literacy, Technology, and Diversity: Teaching for Success in Changing Times. Allyn & Bacon

Davies, K. A. (1999): Foreign Language Teaching and Language Minority Education. University of Hawaii

Esser, H. (2006): Migration, Sprache und Integration. Frankfurt a. M.: Campus

FÖRMIG-Konsortium: Gogolin, I./Neumann, U./Reich, H./Roth, H./Schwippert, K. (2006): Eine falsche Front im Kampf um die Sprachförderung. Stellungnahme des FÖRMIG-Programmträgers zur aktuellen Zweisprachigkeitsdebatte. FÖRMIG-Newsletter Mai 2006

Gándara, P./Maxwell-Jolly, J./Driscoll, A. (2005): Listening to Teachers of English Language Learners. A Survey of California Teacher's Challenges, Experiences, and Professional Needs. Santa Cruz, CA: Center of the Future for Teaching and Learning

Gershberg, A. I./Danenberg, A./Sánchez, P. (2004): Beyond »Bilingual« Education. New Immigrants and Public School Policies in California. Washington, DC: Urban Institute Press

OECD (2006): Wo haben Schüler mit Migrationshintergrund die größten Erfolgschancen: Eine vergleichende Analyse von Leistung und Engagement in PISA 2003. www.oecd.org/dataoecd/2/57/36665235.pdf (02.10.2007)

Parrish, T. B. et al. (2006): Effects of the Implementation of Proposition 227 on the Education of English Learners, K-12: Findings from a Five Year Evaluation. Paolo Alto, CA: American Institutes for Research

Reich, H. H./Roth, H. J./u. a. (2002): Spracherwerb zweisprachig aufwachsender Kinder und Jugendlicher. Ein Überblick über den Stand der nationalen und internationalen Forschung. Hamburg: Behörde für Bildung und Sport

Thomas, W./Collier, V. (1997): School Effectiveness for Language Minority Students. Washington, DC: National Clearinghouse for Bilingual Education

US Department of Education (2007): Achievement gap continues to narrow as student population becomes more diverse. http://www.ed.gov/nclb/accountability/achieve/report-card2007.html (02.10.2007)

Beispiele aus europäischen Staaten

Andy Hancock

Language diversity and community cohesion: the challenges for educationalists in multilingual Scotland

Introduction

This article identifies and explores the current migration patterns shaping Scotland and the impact that an increasingly diverse and multilingual community is having on educationalists, schools and policy makers. At the outset, a distinction needs to be made between the various countries that make up the United Kingdom (England, Northern Ireland, Wales and Scotland). Previous to the creation of the new Scottish Executive[1] in mid-1999, educational policy and practice in Scotland had been an autonomous matter (along with the church and the law) and has historically remained relatively distinctive from the rest of the UK. This independence manifests itself in a number of ways including policy related to the ways schools are organised and managed, national curriculum formation, assessment and qualification arrangements, the training of teachers and the inspection of schools (Paterson 2003). Notably, the way funding is allocated to services for the support of children and young people new to English is fundamentally different in England and Scotland.

Multilingual Scotland

Recent statistics indicate that Scotland is a multilingual society. Information gathered for the School Census for Scotland in 2006 (of all publicly funded primary, secondary and special schools) confirms that children in Scotland come from

---

[1] The Scottish Executive is the devolved (autonomous) Government in Scotland. It has the power to make laws on devolved matters such as education, health, Gaelic and social work.

a variety of heritages with 137 different languages spoken in the home. The main ethnic groups in order of number are Pakistani, Chinese and Indian and the main home languages are Punjabi, Urdu, Cantonese, Polish and Arabic. [2]

The need for educationalists to take account of the diverse nature of their schools continues to grow as a range of factors have seen the cultural and linguistic landscape change in Scotland in recent years. Demographic shifts mean Scotland is now anticipating a declining population and an increasingly ageing workforce. As a result, The Scottish Executive's response to this, unlike the rest of the UK, has been a different political face on the immigration debate, articulating a commitment to inward migration and actively encouraging migrant »guest« workers and their families to live in Scotland in order to fill the existing skills gap. An example of such a measure put in place to address Scotland's demographic shortfall is the Executives' *Fresh Talent* initiative which came into effect in 2005. This scheme has been successful in attracting highly skilled workers as it allows international students (and their children) to remain in Scotland and gain employment for two years after the completion of their studies without the need for a work permit (Scottish Executive 2004).

The expansion of the European Union in 2004 and 2007 has seen Scotland receiving a higher proportion of new arrivals from new eastern European accession states, compared to the rest of the UK. Thus, in recent years, schools across Scotland are likely to have seen children of different linguistic backgrounds; a situation that previously existed only in areas around large cities. Despite high levels of education these migrants are generally associated with unskilled, low-paid employment and poor housing. Recent research suggests that their stay may not be as temporary as originally expected especially when they have their children living with them (Markova/Black 2007). This situation has corresponding implications for the provision and planning of language support for these children.

Issues relating to immigration are still a reserved matter to be managed by the UK government.[3] However, changes in immigration and asylum policies in 1999 provided the legal basis for large numbers of refugee and asylum-seeking

---

[2] Statistics available at http://www.scotland.gov.uk/Publications/2007/02/27083941
[3] Some issues concerning Scotland that have a UK or international impact are dealt with by the UK Parliament in London. These »reserved matters« include foreign affairs, defence and national security.

families to be dispersed from England to Scotland. Research shows that refugee and asylum-seeking families are more likely to have young children under the age of five than other families and are more likely to experience poverty and social exclusion (Hyder 1998).

Most of the asylum-seeking families in Scotland are Muslim, and originate from a range of countries identified by Amnesty International as experiencing war, conflict and persecution (such as Pakistan, Somalia, Congo, Turkey, Afghanistan, Iraq and Zimbabwe). As well as language support and skilled induction into nurseries and schools children of asylum seekers may also require specialist help because of the displacement and trauma resulting from the experiences that led them to leave their country of birth (Rutter 2003). Recently, in Scotland there have been a number of high profile cases of »dawn raids« and forced deportation of young people and incidences of children kept in detention centres without access to mainstream schooling stipulated by United Nation conventions.

All the above migratory factors have resulted in increasing cultural and linguistic diversity across Scotland with a subsequent need for educational establishments to engage with issues of multilingualism and race equality within policy and practice arenas (Arshad/Diniz 2003). However, it is important to stress the obvious but crucial point that not all minority ethnic families are homogeneous with the same needs and experiences. Hancock (2006) provides an illustration of the heterogeneous nature of a minority ethnic community in Scotland, in terms of migration histories, sociolinguistic profiles, beliefs and attitudes. According to the Commission for Racial Equality (2006) it is not enough to argue that policies must »meet the needs of ethnic minority communities« but information must be detailed enough to pick up the distinctions between and within groups to develop educational services.

Language Education

The introduction in 2002 of free universal part-time, early years education and care for three- and four-year-olds has seen increasing numbers of minority ethnic children attend early years settings and the subsequent exposure to English within a learning environment. However, research in this area suggests that barriers still exist for some migrant families in accessing childcare (Bell et al.

2005). Reasons for the low uptake of early years services are complex, but they include lack of information, frequent moves and lack of familiarity with early years services. The study of Rutter and Hyder (1998) showed that some refugee mothers felt uncomfortable about leaving young children in the care of adults from outside their community where no one spoke their language.

There is a consensus in the literature that suggests that early years settings can offer good quality provision where children from linguistic minorities can integrate, build new friendships and develop their English language skills (Sylva et al. 2003). These stages of additional language acquisition are well documented by Siraj-Blatchford and Clarke (2000). However, these young children need to learn a new language and access the early years curriculum through an additional language but they frequently do not have sufficient competency in English to interact with native speaking peers who provide important friendships and correct models of the target language. Tabors (1997) describes this as the classic double-bind that young children learning a new language must face:

> ...in order to learn this new language, [children] must be socially accepted by those who speak the language; but to be socially accepted, [they] must already be able to speak the new language. (Tabors 1997, 35)

Such social interactions need to be carefully monitored, and, if necessary, supported by staff. Thompson (2000) and Drury (2007) provide detailed ethnographic accounts of three and four-year-old minority ethnic children's first days at nursery. Both authors argue that children need additional support for their early socialisation experiences as they move into new environments.

Scotland may have a rich multilingual profile but the educational response to this linguistic diversity has largely been to ignore this language learning potential, a valuable life skill for both individuals and society. According to Skutnabb-Kangas (2000) this policy context means linguistic minority children are »submerged« into a new language, and the languages already spoken are not used for educational purposes but remain restricted to family networks. The majority language thus constitutes a threat to child's first language which runs the risk of being displaced or replaced. That is to say the educational outcome is monolingualism, or at best, limited bilingualism where learners are forced to assimilate into the majority culture and learn the language of the dominant society as soon as possible. This subtractive bilingual policy context is in stark contrast to the provision increasingly introduced in Scotland for Gaelic medium education and the teaching of European languages, where the education objective is academic and cultural enrichment (Landon 2001).

This language policy approach echoes Beacco's and Bryman's (2003) assertion that when monolingualism is the norm it introduces:

> Antagonistic relationships between languages in that it leads some languages receiving preferential treatment and a radical distinction being made between the national/official language(s) and all the others. (Beacco/Bryman 2003, 10)

Smyth (2003), who captured the dominant discourse of educationalists in the west of Scotland, showed that teachers' construction of language learning was perceived exclusively in terms of English. There was also a perception that a parent who spoke a language other than English at home would inhibit their child's acquisition of English. Smyth argued that these taken-for-granted practices are based on long established cultural mindsets that believe that children have to become monolingual in order to succeed in the educational system. This belief is certainly at odds with empirical research evidence, which shows that the learning of two or more languages increases cognitive and literate abilities and broadens the child's outlook on life (Bialystok 2001; Thomas/Collier 2002). Conversely, studies indicate that a failure to develop children's skills in their first language can have detrimental effects on their later achievement (Cummins 2000). Clearly, much more needs to be done to prepare teachers for the reality of multilingual classrooms across Europe (Hancock et al. 2006).

Recently, increasing numbers of bilingual support assistants have been recruited in Scotland, and their first language skills have provided a valuable channel to support children's early literacy skills (Landon 1999) but the focus still remains on the speedy transition to English as the sole means of literacy development rather than build on the language resource they already possess.

The planning and delivery of provision for the language education of children and young people with English as an additional language (EAL) in Scotland are determined at Local Authority level[4] with minimal guidance from the Scottish Parliament on what is considered the most effective pedagogy for supporting increasing numbers of new arrivals. In fact the term »bilingual« rarely features in Scottish policy documents and the national priorities for Scottish education only makes reference to the pejorative term »speakers of lesser used languages«.

---

[4] There are 32 directly elected local authorities in Scotland which provide local services such as education and receive a large part of their funding from the Executive.

Not surprisingly, this only reinforces the negative connotations of bilingualism frequently held amongst large sections of public opinion.

This language policy vacuum has resulted in an ad hoc arrangement across Scotland in terms of support services and funding for bilingual pupils. These autonomous ways of working range from one authority for example, which advocates full inclusion of learners in mainstream classrooms with an accompanying strategic whole school approach to all English language learners working in partnership with class and subject teachers. On the other hand, an authority with a similar size of school pupil population has retained an approach of placing some new arrivals into Language Units despite condemnation from the Commission for Racial Equality (CRE) who considers such segregated provision as a form of institutionalised racism (CRE 1986). The argument put forward by the CRE is that withdrawing children and young people from mainstream classrooms results in stigmatization and reinforces the notion of »deficit« and »difference«. This provision also restricts learners' contact with native-English speaking peers and access to the full curriculum available in schools.

With the exception of Gaelic there are presently very few opportunities available within mainstream schools for speakers of minority languages to develop their skills. Urdu and Chinese (Mandarin/Cantonese) is best served, where it is taught as a modern foreign language in a small number of secondary schools. It is therefore left to minority communities and concerned parents to organise complementary schools to develop their heritage languages.

Recent research by McPake (2006) has shown that the extent and nature of such provision in Scotland is very variable. While there are some excellent initiatives, and the level of commitment among volunteers is high, many complementary schools are severely hampered by lack of funds, scarce teaching and learning materials and absence of professional development opportunities for their teachers. According to McPake (2006) these complementary schools continue to suffer from lack of official recognition and status. Furthermore, for many languages, there is no provision at all and Scotland is therefore not currently in a good position to take advantage of its linguistic resources.

Regrettably, the educational activity and achievements of children attending complementary schools is largely unacknowledged or often viewed with suspicion by mainstream teachers. This is despite recent seminal ethnographic research, conducted in England (but absent in Scotland), which highlights the potential creative interaction that can occur when cultures and languages come into contact in such schools. These studies show how literacy skills learnt outside mainstream schools are transferred to other learning contexts (Bhatt et al. 2004; Kenner 2004). On the other hand, Skutnabb-Kangas (1988, 29) argues that this type of provision is »more therapeutic cosmetics than language teaching« as children are unable to develop their first language skills to a sophisticated and academic level.

Community Cohesion

Recently the political discourse in the UK has shifted away from the longstanding promotion of multi-culturalism and the acceptance of »difference« to a concept of »community cohesion« which explores the development of a stable and integrated society at a neighbourhood level (Zetter et al. 2006). Nevertheless, »community cohesion« remains a contentious notion and for some scholars it means little more than assimilation and absorption of minority ethnic cultures and languages into the dominant culture and language. The general trend is demonstrated by calls from politicians in the British Parliament for English language requirements alongside British citizenship tests for migrants to achieve a cohesive national identity (BBC 2005). Conversely, some view the path to integration as a two-way process – with consultation and opportunities created for minority groups to engage more effectively with wider society whilst at the same time a government agenda making assertive efforts to promote meaningful intercultural dialogue, tackle racism, discrimination and marginalization. A recent report from the UK Commission on Integration and Cohesion (CIC 2007) indicates that schools play a key role in promoting integration and cohesion by teaching children about equality and diversity and the report also encourages young people to see their language skills as a national asset.

Hansen (2003) believes there are a number of necessary conditions for successful integration such as equality of outcome which enables minority groups to achieve levels of educational achievement comparable to those of the broader population. However, detailed analysis of the educational progress of migrant children in Scotland is difficult to obtain. What is known is that the level of qualifications held by adults varies by age. Generally, older persons from Pakistani and Chinese communities are more likely to have no qualifications compared to white Scottish people. Some minority ethnic children and young people, Chinese girls for example, are performing well and are more likely to enter university than the white population. However, at the same time anecdotal evidence indicates that children from some minority groups are seriously underachieving in education and are more likely to be inappropriately assessed as having learning difficulties.

Data on the success of minority ethnic pupils at school has been gathered annually in England over the last decade (Gillborn/Gipps 1996; DfES 2006) but unfortunately, the picture in Scotland lacks robust empirical evidence (CRE 2006). According to the Commission for Racial Equality (2006) without reliable and comprehensive ethnic monitoring (as required by the Race Relations Act, 2000) policy is being developed in an information vacuum. This scant data means any patterns of inequality or shortcomings in provision cannot be easily identified nor can remedies to tackle under-achievement be put in place (Blair et al. 1998).

A further cornerstone of community cohesion is harmonious race-relations. Despite that, according to research conducted by Arshad et al. (2004, 117) minority ethnic children and young people reported, without exception, racist incidents such as name-calling, harassment and bullying in social relationships and while traveling to and from school. This lack of protection from racist behaviour is also echoed in other research in both primary and secondary schools in Scotland (Donald et al. 1994; Hill et al. 2007). The consequences of everyday experience of racism at school and in the community can lead to low self-esteem and social exclusion for children from minority groups. Similarly, statistics indicate that people of minority ethnic backgrounds in Scotland are twice as likely to be victims of crime as others (Adams 2007). This is as a result of both racially aggravated crime and socio-economic factors (Platt 2007). This situation is compounded by ambiguous or hostile media messages which fuel anxieties about migration amongst the host community. Research by Zetter et al. (2006) claims that the media portrayal of »parallel communities«, religious extremism and inter-ethnic tension impacts negatively on a person's own sense of identity, educational outcomes and employment opportunities.

It may be argued that greater cultural, ethnic and religious plurality challenges perceptions of integration and a cohesive »national identity« (Okley 1996). Today the majority of minority ethnic children have been born and raised in Scotland. To a varying extent they have been exposed to the dominant language and culture since starting nursery or school but their linguistic choices and ways of learning are complex and dynamic as they move in and out of different social and cultural contexts. Research shows that these young people are creating their own multilingual identities within a rapidly changing globalised world. Leung (1997) and Martin-Jones/Bhatt (1998) effectively capture young people's expertise in different languages and affiliation to various cultural and religious heritages.

Policy, Research and Practice

My intention is to flag up some of the developments in Scotland since constitutional change, in terms of policy, research and practice, which reflect a growing interest in cultural and linguistic diversity. It would be naive to suggest that any of these initiatives can or should be replicated and applied to a different European context. The following section should, therefore, be viewed as a stimulus for debate rather than a panacea to the challenges facing policy makers and educationalists across Europe as they respond to increasingly diverse schools.
A significant development in Scotland has been the establishment of an inquiry into the role of educational and cultural policy in supporting and developing Gaelic, Scots and minority languages in Scotland. Evidence submitted to the Parliamentary Committee has generated an important dialogue within political and policy making circles about the role and place of languages in education in Scotland. Of interest is the conclusion contained within the report on the inquiry which states that »the many questions and concerns surrounding the languages of Scotland and their place in education and culture can only be properly addressed by creating an inclusive, cohesive Languages Policy« (Scottish Executive 2003, 19). It is hoped this will bring about some harmonious and shared policy development across the different language education fields and provide advice on how language teaching can best be integrated in the life-long learning process from the early years onwards.

As already stated, there has been limited systematic ethnic monitoring of academic achievement in Scotland. One positive step forward is the Race Relations (Amendment) Act 2000 which places a general duty on education authorities to assess the impact of their policies on children and young people of different racial groups, with particular reference to their attainment levels. There is also a requirement to address the shortage of minority ethnic teachers and make the workforce more representative of the communities they serve.

Recent legislation has explicitly raised the profile of bilingual learners in Scottish educational establishments. The Education (Additional Support for Learning) Act 2004 introduced a new framework to provide for children and young people who require additional support with their learning. It specifies that:

> ... a need for additional support does not imply that a child or young person lacks abilities and skills. For example, bilingual children or young people, whose first language is not English, may already have a fully developed home language and a wide range of achievements, skills and abilities. Any lack of English should be addressed within a learning and teaching programme which takes full account of the individual's abilities and learning needs. (Scottish Executive 2005, 20)

In addition the new legislation gives more rights to parents to be involved in the decision-making process and the code of practice specifically mentions the importance of including interpreters in this procedure.

In 2005, the Scottish Executive published new guidelines for all schools to ensure effective inclusion for learners with English as an additional language. The title of this document, *Learning in 2(+) Languages* (LTS 2005), seeks to inform educators of bilingual issues and appropriate pedagogy. Following quickly on from these guidelines, the Educational Inspectorate recognised the growing need for schools to take more responsibility for evaluating their educational provision for bilingual learners and guidelines have been produced outlining effective ways to self-monitor this (HMIe 2006).

In contrast with the rest of the UK, a national infrastructure for supporting research into language education has a strong foundation in Scotland. Funded by the Scottish Executive and coordinated by the Scottish Centre for Information on Language Teaching (SCILT) this research agenda has generated a number of substantive projects directly related to informing future decisions on language policy, provision and practice. One project is worthy of note here. *Mapping the Languages of Edinburgh* (McPake 2002) surveyed children about the languages they knew and where they had acquired them. It concluded that the plurilingual population in Edinburgh was far greater than generally believed. This research is an important step forward in gathering data on the extent of linguistic diversity in Scotland and complements similar projects across Europe, such as *Multilingual Capital*, which captured the languages of London's schoolchildren and their relevance to economic, social and educational policies (Baker/Eversley 2000).

Conclusion

This article has outlined the changing diverse nature of Scottish schools. It has argued that the majority of schools fail to build on the linguistic resources that children and young people bring to educational establishments under the guise of helping them learn English. Despite moves towards a community cohesion agenda, minority groups still encounter a range of barriers at individual, cultural, linguistic, socio-economic and institutional levels. However, the article has shown that a devolved Scotland has made a commitment to promoting multilingualism through a number of initiatives. This includes moves towards a synchronised language strategy. Although the process is still ongoing, it is with interest that the results of the Executive's recommendation for substantive research, consultation and reporting to gather further information on the specific needs of the diverse language speakers of Scotland, are awaited. It is hoped that by sharing aspects of the journey Scotland is currently embarked upon to improve the life chances of children and young people from minority backgrounds and that some common issues and helpful areas for further professional discourse will emerge.

References

Adams, L. (2007): Minorities twice as likely to be victims of crime. The Herald 23/7/07. http://theherald.c.uk/misc/print.php?artid=1563973

Arshad, R./Diniz, F. A. (2003): Race Equality in Scottish Education. In: Bryce, T. G. K./Humer, W. M. (eds.): Scottish Education: Post-Devolution. Edinburgh: Edinburgh University Press, 908-917

Arshad, R./Diniz, F. A./Kelly, E./O'Hara, P./Sharp, S./Syed, R. (2004): Minority Ethnic Pupils' Experiences of School in Scotland (MEPESS). Edinburgh: Scottish Executive

Baker, P./Eversley, J. (eds.) (2000): Multilingual capital: the languages of London's schoolchildren and their relevance to economic, social and educational policies. London: Battlebridge

Beacco, J.-C./Bryam, M. (2003): Guide for the Development of Language Education Policies in Europe. From linguistic diversity to plurilingual education. Strasbourg: Council of Europe

Bell, A./Bryson, C./Barnes, M./O'Shea, R. (2005): Use of Childcare Among Families from Minority Ethnic Background. London: Sure Start/National Centre for Social Research

Bhatt, A./Bhojani, N./Creese, A./Martin, P. (2004): Complementary and Mainstream Schooling: a case for reciprocity? Occasional Paper 18. Luton: NALDIC

Bialystok, E. (2001): Bilingualism in Development: Language, Literacy and Cognition. Cambridge: Cambridge University Press

Blair, M./Bourne, J./Coffin, C./Creese, A./Kenner, C. (1998): Making the Difference: Teaching and Learning Strategies in Successful Multi-Ethnic Schools. Research Report RR 59. London: DfEE Publications

British Broadcasting Corporation (BBC): New UK Citizenship Testing Starts. 1 November 2005. http://news.bbc.co.uk/1/hi/uk_politics/4391710.stm.

Commission for Racial Equality (1986): Teaching English as a Second Language: Calderdale LEA. London: CRE

Commission for Racial Equality (2006): DfES/HM Treasury Joint Policy Review on Children and Young People: CRE submission. http://www.cre.gov.uk/Default.aspx.LocID-0hgnew015.RefLocID-0hg00900f006.Lang-EN.htm.

Commission on Integration and Cohesion (2007): Final Report Commission on Integration and Cohesion – Our Shared Future. London: CTE http://www.integrationandcohesion.org.uk/Our_final_report.aspx.

Cummins, J. (2000): Language, Power and Pedagogy: Bilingual Children in the Cross-Fire. Clevedon, Avon: Multilingual Matters

Department for Education and Skills (2006): Ethnicity and Education: The Evidence on Minority Ethnic Pupils Aged 5–16. London: DFES Research Topic Paper: 2006 edition

Donald, P./Gosling, S./Hamilton, J. (1994): No Problem Here: Action Research Against Racism in a Mainly White Area. Edinburgh: Scottish Council for Research in Education/University of Stirling

Drury, R. (2007): Young Bilingual Learners at Home and at School: Researching Multilingual Voices. Stoke-on-Trent: Trentham Books

Gillborn, D./Gipps, C. (1996): Recent Research on the Achievements of Ethnic Minority Pupils. Report for the Office for Standards in Education, London: HMSO

Hancock, A. (2006): Attitudes and approaches to literacy in Scottish Chinese families. Language and Education, 20 (5), 355-373

Hancock, A./Hermeling, S./Landon, J./Young, A. (eds.) (2006): Building on language diversity with young children. Teacher education for the support of second language acquisition. Berlin: Lit Verlag

Hansen, R. (2003): Measures of integration. Connections, Summer issue. Commission for Racial Equality. http://83.137.212.42/sitearchive/cre/publs/connections/03su.html.

Hill, M./Graham, C./Caulfield, C./Ross, N./Shelton, A. (2007): Inter-ethnic relations among children at school: the perspectives of young people in Scotland. European Journal of Education 42 (2), 267-279

HM Inspectorate of Education (2006): Inclusion and Equality. Evaluating Educational Provision for Bilingual Learners. Edinburgh: HIMe

Hyder, T. (1998): Supporting refugee children in the early years. In: Rutter, J./Jones, C. (eds.) Refugee Education. Mapping the Field. Stoke-on-Trent: Trentham Books

Kenner, C. (2004): Becoming Biliterate: Young Children Learning Different Writing Systems. Stoke-on-Trent: Trentham Books

Landon, J. (1999): Early intervention with bilingual learners. Towards a research agenda. In: South, H. (ed.) Literacies in Community and School. NALDIC Literacy Papers. NALDIC

Landon, J. (2001): Community Languages. Multicultural Teaching 20 (1), 34-38

Learning and Teaching Scotland (2005): Learning in 2 (+) languages. Dundee: LTS available: http://www.ltscotland.org.uk/inclusiveeducation/findresources/learningintwopluslanguages.asp

Leung, C. K./Harris, R./Rampton, B. (1997): The idealised native speaker, reified ethnicities and classroom realities. TESOL Quarterly 31 (3), 543-560

Martin-Jones, M./Bhatt, A. (1998): Literacies in the lives of young Gujarati Speakers. In: Durgunoglu, A. Y./Verhoeven, L. (eds.) Literacy Development in a Multilingual Context; Cross-cultural perspectives. London: Lawrence Erlbaum

Markova, E./Black, R. (2007): East European immigration and community cohesion. London: London School of Economics/Joseph Rowntree Foundation. http://www.jrf.org.uk/bookshop/details.asp?pubid=896

McPake, J. (2002): Mapping the languages of Edinburgh. SCOTLAND Seed Project 6. Stirling: Scottish CILT

McPake, J. (2006): Provision for community language learning in Scotland. Edinburgh: SEED/SCILT

Okely, J. (1996): Own and Other Cultures. London: Routledge

Paterson, L. (2003): Scottish Education in the Twentieth Century. Edinburgh: Edinburgh University Press

Platt, L. (2007): Poverty and ethnicity in the UK. Bristol: Joseph Rowntree Foundation/The Policy Press

Race Relations Amendment Act 2000 (RRAA) (2000): http://www.opsi.gov.uk/acts/acts2000/20000034.htm

Rutter, J./Hyder, T. (1998): Refugee Children in the Early Years: Issues for policy-makers and providers. London: Save the Children and the Refugee Council

Rutter, J. (2003): Working with Refugee Children. London: The Joseph Rowntree Foundation

Scottish Executive (2003): Second Report on Inquiry into the role of educational and cultural policy in supporting and developing Gaelic, Scots and minority languages in Scotland. Education Culture and Sport Committee, Scottish Parliament. Paper 778. http://www.scottishparliamnet.uk/business/committees

Scottish Executive (2004): New Scots: attracting fresh talent to meet the challenge of growth. Edinburgh: Scottish Executive

Scottish Executive (2005): Supporting Children's Learning: Code of Practice. Edinburgh: Scotttish Executive

Siraj-Blatchford, I./Clarke, P. (2000): Supporting Identity, Diversity and Language in the Early Years. Buckingham: Open University Press

Skutnabb-Kangas, T./Cummins, J. (eds.) (1988): Minority education: from shame to struggle. Clevedon: Multilingual Matters

Skutnabb-Kangas, T. (2000): Linguistic Genocide in Education – or Worldwide Diversity and Human Rights? Mahwah, NJ: Lawrance Erlbaum Associates

Smyth, G. (2003): Helping Bilingual Pupils to Access the Curriculum. London: David Fulton

Sylva, K./Sammons, P./Taggart, B./Melhuish, E./Siraj-Blatchford, I. (2003): Findings from Pre-School period (Summary of findings page 1 1997-2003 EPPE 3-11). In: The Effective Provision of Pre-School Education (EPPE) Project: A Longitudinal Study, funded by Dfee (1997-2003)

Tabors, P. O. (1997): One Child, Two Languages. Baltimore, Maryland: Paul H. Brookes

Thomas, W./Collier, V. (2002): A national study of school effectiveness for language minority students' long-term academic achievement. Santa Cruz, CA: Center for Research on Education, Diversity and Excellence, University of California-Santa Cruz

Thompson, L. (2000): Young Bilingual Learners in Nursery School. Clevedon: Multilingual Matters

Zetter, R./Griffiths, D./Sigona, N./Flynn, D./Pasha, T./Beynon, R. (2006): Immigration, social cohesion and social capital. What are the links? York: Joseph Rowntree Foundation/Oxford Brookes University. http://www.jrf.org.uk/bookshop/details.asp?pubID=763

Eva Norén

BILINGUAL MATHEMATICS CLASSROOMS IN SWEDEN

Introduction

Some studies around the western world show that minority students with different linguistic and cultural backgrounds achieve poorer results in mathematics than majority students (Secada 1992; Skolverket 2007). In Stockholm and its suburban schools there are approximately 35% minority or immigrant students, in some schools up to 98%. They come from various countries and speak altogether more than 100 languages (information given to me by fax from an official school office clerk in Stockholm 2006). Over the years there have been different ways of handling dilemmas that might arise when immigrant students of different ages arrive in Swedish schools. Most of them have been related to how late arrivals should learn Swedish as fast as possible but also which language should or could be used for instruction. Swedish as a second language is a subject in school for second language learners and mother tongue has been an optional subject in the Swedish curriculum since 1977.

Lately, national studies as well as PISA and TIMSS[1] have shown that several immigrant students in Sweden do not reach the curriculum demands in mathematics. Students' differences in mathematical achievement have become wider and there are concerns about minority students' marginal performance in Swedish mathematics classrooms (OECD 2006). Often students' low performances in mathematics refer to deficiencies which call for remediation in the students, in their languages or cultural backgrounds. One example is their »lack of Swedishness« (Parszyk 1999).

Since 2004, I am working on a study concerning *minority students in mathematics classrooms* in Sweden. For almost two years I followed bilingual teachers and students in mathematics classrooms as a participant observer, also using interviews and informal conversation to collect data. A year ago, I evaluated a

---

[1] international OECD studies concerning students results in school

project supported by the City of Stockholm: *The mother tongue teaching of mathematics project.* Within my study sociocultural influences are important as I regard mathematics as socially and culturally constructed (Rogoff 2003). Instead of looking for deficiencies it is possible to see the languages and cultural backgrounds of the students as resources for learning mathematics and as a potential for their future lives (Moschkovich 2007). Accordingly, learning occurs in the context of shared events and as each one experiences. Languages and cultural backgrounds are valued as resources – students (and their parents) become empowered (Cummins 2000).

In this article I will start by giving a short insight into the emergence of the bilingual teaching project. Afterwards a description of the project will follow and finally some of the evaluated results (Norén 2007) of the enterprise will be presented.

Background

Since 1977, according to the Swedish curriculum, it has been possible for minority students to study their mother tongue (Hyltenstam/Tuomela 1996). During a period of about 15 years students could choose different courses of studying the mother tongue. On the one hand they had the option of being a student in an extra class having approximately 100 minutes per week. On the other hand they could decide on a full time mother tongue class: i.e. the teachers and the students were speaking the same language and mother tongue was the language of instruction. This was practiced mostly from first to sixth grade in immigrant and multilingual areas around the three big cities Stockholm, Malmö and Gothenburg. The languages were Spanish, Turkish, Greek, Arabic and Finnish as these languages were spoken by a large number of immigrants. The students in mother tongue classes studied Swedish as a second language, and the aim was that they were going to move ahead to Swedish speaking classes as they entered seventh grade. Their changeover was gradually (Skolverket 1997).

Late arrivals have had opportunities to study their first years in Swedish schools in a, so called, *preparation group of students*[2]. Students in these groups often have had different ages. According to this, these classes can be very heterogenic

---

[2] in Swedish: förberedelseklass

with students coming from various parts of the world and they might have dissimilar experiences. However, they learn Swedish in the language of teaching and learning: Swedish. The aim is that students will be able to join a mainstream Swedish speaking class within a year or two. During the time in the preparation group there is little time for extending content knowledge in different school subjects – including mathematics (Axelsson 2005).

According to what research says today about learning a second language and subject matter content simultaneously (Gibbons 2002; Ovando/Collier/Combs 2003) there was a backlash in the nineties. Even though mother tongue as a subject still was an official statement, as well as instruction in mother tongue and studies of mother tongue, this fact was diminished in Swedish multilingual classrooms. The inofficial notion or discourse pervaded teaching immigrant students, saying *they just learn Swedish, Swedish first* and *only Swedish* (Skolverket 2002). In Sweden the principle of mother tongue or home-language teaching as a way to provide students with an academically sound bilingualism has been accepted for more than twenty years. However, it still struggles in becoming incorporated as a basic element in the school curriculum (Sjögren 1997).

A consequence was that mother tongue teachers no longer belonged to the ordinary staff at schools. At the same time the curriculum was changed and studies in mother tongue were (and still are) supposed to be out of compulsory courses and students who chose to take it, often had (and still have) to study one or two lessons in late afternoon (Lpo 94).

The discourse (Foucault 1971/93) became, and still is to some extent, *only Swedish* (including language, culture, values and habits). It still works within the borders of institutions, at schools and preschools. Sjögren (also notice Douglas 1986) writes:

> It is not so much the Swedes themselves who are »Swedish« but institutions – the Swedish schools, parliament, police, press, and so on. And being institutions, they are extremely slow to change. They support the existing ideology and way of thinking. (Sjögren cited in Banno Gomes/Bigestans/Magnusson/Ramberg 2002, 16)

Lately, teachers and politicians have started to focus on the complexities of learning Swedish as a second language and learning subject content in the second language simultaneously (Obondo 1999; Axelsson et al. 2001; Adler 2006). One explanation is that many minority students achieve below-minimum results in the three main subjects in accordance with our curriculum: Mathematics, Swedish and English (as a foreign language) (OECD 2006). Eventually politicians, teachers and school administrators have realized that *something has to be done*.

Languages are embedded into certain social forms and are not independent from reality but construct it (Haglund 2005). Dewey notes: »Language exists only when it is listened to as well as spoken« (1958, 106) and »Communication is consummatory as well as instrumental. It is a means of establishing cooperation, domination and order. Shared experience is the greatest of human goods« (1958, 202). He also writes about *normal processes of living* (1934/80, 10) and relates this to people living in the context of his time. To him the concept *experience* is about human experiences, about how they connect and how they are continuous in cultural activities. In other words, how collective human experiences are situated in a cultural and societal context, backwards as well as ahead in time. Dewey acted in a changing time in some ways similar to present days because also today a constantly altering globalized world is changing life conditions and education.

Adler (2001) points at three factors interplaying in a multilingual mathematics classroom:

- Access to the language of instruction
- Access to the mathematical discourse
- Access to the discourse of the classroom

Setati's and Adler's (2001) research shows that multilingual students are achieving well in mathematics and participate in a conceptual mathematical discourse (Cobb 2000), communicate mathematical concepts and understand wherein the students themselves are active. Both teachers and students use code-switching.

A Swedish study (Parszyk 1999) showed that the more diversity there was between students' original culture and Swedish culture the harder it was for students to solve text problems in Swedish mathematics national tests. As both instruction and national tests were based on western mainstream perspectives it was difficult for students to achieve good results as their earlier experiences were different. Parszyk also gave evidence for minority students' believing that school was not for them but for others: they did not feel included in the classroom discourse.

The project

The mother-tongue teaching of mathematics project is a result of the change of attitudes towards bilingual or/and mother tongue instruction. It is possible to look at the changes of attitude as an ongoing alteration in discourse and as a challenge to existing practices in multilingual mathematic classrooms in Swedish schools, where the *Swedish only-attitude* has been »in power« for a long time. It can also be said, along with Cummins (1996), that it is a way to *empower* both multilingual teachers and students or a way of distributing *power*. That is if we look at both language and knowledge in mathematics as *symbolic capital* or: by looking at both language and knowledge one can use the term *symbolic capital* (Bourdieu 1991).

The project was organised for two full school years, 2004-2006, in five different schools in the City of Stockholm and covered students from the age of nine to fifteen. Pupils were taught in Somali and Arabic and three different organisational models were tested:

- All teaching by the bilingual teacher (one of the schools).
- The students have half their lessons in Swedish and half in their mother tongue.
- Mother tongue teaching involves extended time and is in addition to the regular teaching which only takes place in Swedish.

Some Results

Access to language of instruction

There has been a change in the structure of powers within the project. When students get access to mathematics, which has a high amount of *symbolic capital* in Swedish society at large, through their first language, it seems as though the status of students' first languages increases: it gets additional *symbolic capital*. *My language is good enough for learning mathematics* is a thought expressed within some of the students' and multilingual teachers' ways of speaking about mathematics and language. Accordingly, some students seem to develop a deeper interest in mathematics and achieve better results in tests.

The students who seem to gain most are late arrivals (age 14-15) in Sweden and reach the final classes in Swedish compulsory school within a year or two.

If they had not been in the project they would have had all their instruction in Swedish, hence, struggling to learn basic conversational fluency and probably not getting the same opportunity to achieve mathematical progress.

A student at the Teacher Education Institute interviewed eight pupils in ninth grade, when they had left school in June 2006 (Ramsfeldt 2007). This is what some of them expressed on having taken part in the bilingual teaching mathematics project:

> It just helped I didn't miss anything and I didn't loose anything, it is just like I got more knowledge!
> If I'd been in this group since eighth grade I would have got the highest mark!
> I challenge myself to open up and talk more in this group. [In a mixed group with mostly Swedish speaking students I keep more quiet.]
> Some of them have been lousy in mathematics ... they have not understood Swedish so well and have not conceived what the teacher said. Then they came to [Mahmoudh, a Somali and Swedish speaking mathematics teacher] and he explains to them on Somali and then they start to understand! And he starts to move smoothly on in Swedish [while teaching mathematics] and then ... they start to understand other teachers as well.
> My interest grew bigger before I hated maths. It became a lot more fun when I could study it in my own language.
> You can't learn anything when you do not understand!

Mathematical discourse

There are different mathematical discourses within a mathematics classroom. Cobb (2000) points at procedural discourses and conceptual discourses. My interpretation is that if classroom instructions focus on *how to do* mathematics instrumentally the discourse is procedural. If instructions focus on explanations, problem solving and understanding of concepts the discourse is conceptual (there is no mathematics classroom just inhabiting one discourse or the other). Also Setati (2005) explains in one of her studies that in multilingual mathematics classrooms emerge two categories of mathematical discourses: the procedural and the conceptual.

The Swedish curriculum supports mathematics teachers to vary teaching in a conceptual discourse, including ways of communicating mathematics in the classrooms and using problem solving as a base for understanding. Even so, according to earlier research (Skolverket 2003), little communication is going on in Swedish mathematics classrooms. Mathematics pre-produced textbooks have vast influence on mathematics teaching practices and often students are working by themselves without much guidance from teachers and in their own speed. Runesson shapes in this context the term *speed individualizing* (1999). Contrary to these earlier results, the students communicate quite a lot in the bilingual mathematics classrooms and the tutors teach, instruct and guide their students. The teachers seem to inspire their students and promote mathematical learning by a rather conceptual mathematical discourse.

In Swedish mathematics classrooms a procedural discourse is common as students work a lot by themselves trying to extend their own knowledge (Skolverket 2003, 2004). In the bilingual project a conceptual discourse has been carried out more often. Probably, this is because the students' languages and language in mathematics were focused. In the classrooms where teachers and students both used their native languages it seemed that communicating mathematics became more natural. Lone individual work with mathematics' textbooks successively became less common as the project was ongoing. Teachers often explained to all students in a group at the same time, they were actually teaching. They also encouraged students to take part in communication by asking them to explain their thoughts, to answer problems and to describe difficulties they had to other students, regularly by drawing and writing on the board. Both teachers and students used the board frequently. That way the mathematical discourse changed from a procedural to a more conceptual discourse. Students became involved in their own way of learning mathematics.

It was possible for the bilingual teachers to support students participation in mathematical thinking, by using two languages. Some teachers stimulated meaningful discussions in mathematics by using their earlier experiences as students in their country of origin, then reflecting diverse traditions of instruction. One example was that an Arabic speaking teacher introduced instead of 3,14 as an approximation for Π. She said it was common in her country of origin to use both of numbers. An interesting discussion arouse among the students in the ninth grade as they found other ways of looking at the constant relations between radius of a circle, circumferences and areas of circles. I think this discussion deepened the students' conceptual understanding of these phenomenons. In Swedish mathematics' textbooks the approximation is sometimes used in historical texts about Π.

Discourse of the classroom, and pre-produced textbooks

A discourse in a classroom can be including or excluding (Cummins 2000). According to Parszyk (1999), minority students in Swedish classrooms often felt that school and instruction in school was for someone else but not for them. According to Sjögren (1993) minority students can end up in a position where contradictions appear between their cultural heritage and structures in society. As a consequence, personal characteristics are put in disparity to existing personal positions.

In the mother tongue teaching mathematics project the student expressed their feelings of participation and involvement in the mathematics classroom. They talked about *feeling included*. One student in eight grade said:

> It was fun with the unity when everybody spoke the same language and […] like that […] you come close to each other. […] No one was left behind or left alone.

It seemed as though the bilingual teachers »automatically« considered students first languages as a resource for constructing mathematical knowledge and communication as having immigrant backgrounds themselves and most of their education in their countries of origin. As the teachers have the same language and cultural background as their students they are able to use code-switching and ethnomathematics' perspectives (D'Ambrosio 1985/1997) as tools for teaching and learning mathematics. An ethnomathematical perspective on teaching minority students could be to use textbooks from the students' countries of origin. In the classrooms where the bilingual mathematics teaching and learning was going on the teachers and students used Swedish textbooks.

In the same way as pre-produced textbook's domination is influencing Swedish mainstream mathematics teaching they are influencing the bilingual teaching in the project. It might indicate that Swedish mathematics teachers have implicit preferential rights of interpretation, making multilingual teachers feeling obliged to follow the same script (Stigler/Hiebert 1999) as they do. Power relations do not seem to be as equal as Swedish mathematics teachers did not take much interest in the project but chose the written material the students worked with during mathematics class. This may perhaps be a sign of only Swedish speaking teachers' interpretation of students' low achievement as failures within the students' personalities, backgrounds, experiences and culture rather than the teaching. These issues indicate that mathematical education, designed for multilingual students, implies more than switching languages of instruction. Sometimes it was not enough just to translate text problems from Swedish to the students' mother tongue.

An example of this is when two Somali speaking boys in fifth grade tried to solve text problems. Their Somali speaking teacher translated the text tasks from Swedish to Somali but it did not seem to help them much, at least not with the first problem:

> In the fairy tale the princess on the pea had 20 mattresses. Each mattress was 10 cm. Her bed was 50 cm high. Did the princess fit on top of the bed if her bedroom was 280 cm from floor to ceiling?

The boys told me that the context in the written task was not familiar to them. They got no image of what the bed would look like as they had never heard the fairy tale. It made it difficult for them to make the arithmetic calculations even though they should not be complicated for pupils who are eleven years old. The boys even had problems imagining what one mattress would look like. Their Somali speaking teacher tried to tell them in Somali and Swedish but it ended up with the teacher drawing pictures of the bed, the mattresses and the room. In a discussion on Somali and Swedish between the three of them, the boys at last solved the task. There was 30 cm to go for the princess they said and their answer was that she would fit in if she were thin. Beside the written task was a picture of a girl sleeping in a bed. You could see her eyes closed and her hands on top of the blanket. The bed with all the mattresses was not shown in the picture. The experiences of the boys were not taken into account. It was a Swedish speaking mathematics teacher who had chosen the problem. The boys could not contextualise the mathematical task.

Discussion

Even though the view on students' mother tongues has changed since 1997 there are still some hesitations among teachers, politicians and administrators. The Stockholm *Mother-tongue teaching of mathematics project* stands for the shift in official policy which language to use for instruction in mathematics education. Within the frame of the bilingual teaching project students have reached objectives according to the curriculum of mathematics. Teachers have to depend on what students bring with them into the mathematics classroom and on what their earlier experiences are. The bilingual teachers participating in the project considered students first languages and cultural backgrounds as resources for constructing mathematical knowledge. They have to consider ethnomathematics perspectives, according to students' earlier experiences but also their lives and their environments of today. Minority students' access to study mathematics is of great importance and seems to increase while they have possibilities to use their first language as a language for learning mathematics.

References

Adler, J. (2001): Teaching Mathematics in Multilingual Classrooms. Dordrecht: Kluwer Academic Press

Axelsson, M./Gröning, I./Hagberg-Persson, B. (2001): Organisation, lärande och elevsamarbete i skolor med språklig och kulturell mångfald. Uppsala universitet: Tryck och medier

Axelsson, M./Rosander, C./Sellgren, M. (2005): Stärkta trådar – flerspråkiga barn och elever utvecklar språk, litteracitet och kunskap. Utvärdering av Stockholms stads storstadssatsning – målområde språkutveckling och skolresultat. Språkforskningsinstitutet i Rinkeby, Stockholm

Banno Gomes, N./Bigestans, A./Magnusson, L./Ramberg, I. (eds.) (2002): Reflections on Diversity and Change in Modern Society. A Festschrift for Annick Sjögren. Tumba: Mångkulturellt Centrum

Bourdieu, P. (1991): Kultur och kritik. Uddevalla: Daidalos

Cobb, P. (2000): From Representations to Symbolizing: Introductory Comments on Semiotics and Mathematical Learning. In: Cobb, P./Yackel, E/McClain, K. (eds.): Symbolizing and Communicating in Mathematics Classrooms, perspectives on discourse, tools, and instructional design. London: Lawrence Erlbaum Associates, Publishers

Cummins, J. (1996): Negotiating Identities. Education forEmpowerment in a Diverse Society. Ontario: California Association for Bilingual Education

Cummins, J. (2000): Language, power and pedagogy. Bilingual Children in the Crossfire. Multilingual Matters. New York: Clevedon

D'Ambrosio, U. (1985/1997): Ethnomathematics and its Place in the History and Pedagogy of Mathematics. In: Powell, A./Frankenstein, M. (eds.): Ethnomathematics: Challenging Eurocentrism in Mathematics Education. Albany: State University of New York Press

Dewey, J. (1934/80): Individ, skola och samhälle. Utbildningsfilosofiska texter i urval av Sven Hartman, Ros Marie Hartman 6 Ulf P Lundgren, natur och Kultur, Stockholm

Dewey, J. (1958): Art as experience. New York: Capricorn

Foucault, M. (1971/1993): Övervakning och straff. Fängelsets födelse. Lund: Arkiv Förlag

Gibbons, P. (2002): Scaffolding Language, Scaffolding Learning. Portsmouth: Heinemann

Haglund, C. (2005): Social Interaction and Identification among Adolescents in Multilingual Suburban Sweden. A study of institutional order and sociocultural change. Center for research on bilingualism, Stockholm University

Hyltenstam, K./Tuomela, V. (1996): Hemspråksundervisningen. In: K. Hyltenstam (ed.), Tvåspråkighet med förhinder? Lund: Invandrar- och minoritetsundervisning i Sverige. Studentlitteratur

Lpo 94 (1994): Swedish National Curriculum1994

Moschkovich, J. (2007): Bilingual Mathematics Learners: How Views of Language, Bilingual Learners, and Mathematical Communication Affect Instruction, In: Nasir, N. S./ Cobb, P. (eds.): Improving Access to Mathematics. Diversity and Equity in the Classroom. Multicultural Education Series. New York: Teacher College Press

Norén, E. (2007): Det går att lära sig mer – en utvärdering av tråspråkig uindervisning. Kompetensfonden, Stockholm Stad, Stockholm.

Obondo, M. (1999): Olika kulturer, olika språksocialisation – konsekvenser för utbildning och social integrering av invandrarbarn. In: Axelsson, M. (ed.): Tvåspråkiga barn och skolframgång – mångfalden som resurs. Stockholm: Rinkeby språkforskningsinstitut

OECD (2006): Where Immigrant Students Succeed. A comparative review of performance and engagement in PISA 2003. Mejding, J./Roe, A. (eds.): Nordic Council of Ministers

Ovando, C./Collier, V./Combs, M. (2003): Bilingual & ESL Classrooms, teaching in multilingual contexts. Third edition. Toronto: McGraw Hill

Parszyk, I.-M. (1999): En skola för andra. Minoritetselevers upplevelser a arbets- och livsvillkor i grundskolan. Studies in educational Sciences 17. Stockholm: HLS förlag

Pimm, D. (1987): Speaking Mathematically: Communication in Mathematics Classrooms. London: Routledge Kegan & Paul

Ramsfeldt, S. (2007): Min hjärna går igång kan man säga. En utvärdering av tvåspråkig matematikundervisning. Bachelor essay. Stockholm: Stockholm Institute of Education

Rogoff, B. (2003): The Cultural Nature of Human Development. Oxford: Oxford University Press. Oxford

Runesson, U. (1999): The pedagogy of variation: Different ways of handling a mathematical topic /Variationens pedagogik: Skilda sätt att behandla ett matematiskt innehåll. Göteborg: Acta Univertsitatis Gothoburgensis

Secada, W. G. (1992): Race, Ethnicity, Social Class, Language, and Achievement in Mathematics. In: Grouws, D. A. (ed.): Handbook of Research on Mathematics Teaching and Learning. New York: Macmillan Publishing Company

Setati, M./Adler, J. (2001): Between languages and discourses: Language practices in primary multilingual mathematics classrooms in South Africa. In: Educational Studies in Mathematics 43 (3), 243-269

Setati, M. (2005): Teaching mathematics in a primary multilingual classroom. In: Journal for Research in Mathematics Education. 36 (5), 447-466

Sjögren, A. (1993): Här går gränsen. Stockholm: Arena förlag

Sjögren, A. (1997): Introduction in: Sjögren, A. (ed.): Language and Environment. A cultural Approach to Education for Minority and Migrant Students. Multicultural Center, Botkyrka, Sweden

Skolverket (1997): Barn mellan arv och framtid. Konfessionella, etniska och språkligt inriktade skolor i ett segregationsperspektiv. Stockholm

Skolverket (2002): Flera språk – fler möjligheter. Utveckling av modersmålsstödet och modersmålsundervisningen 2002. Rapport till regeringen

Skolverket (2003): Lusten att lära – med fokus på matematik. Nationella kvalitetsgranskningar 2001-2002. Skolverkets rapport nr 221

Skolverket (2007): press message: the 14th of August. Andelen behöriga till gymnasiekolan är den lägsta på tio år. http://www.skolverket.se/sb/d/203/a/9642

Stigler, J./Hiebert, J. (1999): The Teaching Gap. Best Ideas from the World's Teachers for Improving Education in the Classroom. New York: Free Press

Personal References

Adler, J.: in a discussion at a pre-meeting to the 30th PME- conference in Prague, July 2006, Fax from an official clerk at the City of Stockholm, April 2006

Ed Elbers
ZWISCHEN MULTIKULTURALITÄT UND INTEGRATION
Erfahrungen mit kultureller Diversität in niederländischen Schulen[1]

Die Schule mit einem großen Anteil an Migrantenkindern, die ich am besten kenne, liegt in einem Viertel in Utrecht, Hoograven genannt, in dem es eine Konzentration von Migranten vor allem marokkanischer Herkunft gibt. Ungefähr 90% der Kinder in dieser Schule kommen aus Familien mit Migrationshintergrund. Das Schulteam bemüht sich, die Schüler in einer multikulturellen Gemeinschaft zusammenzubringen und positive interkulturelle Verhältnisse zu fördern. Ein Beispiel für die Einstellung der Lehrerschaft zeigte sich, als ich die Schule zum ersten Mal im Jahre 2000 während der Olympischen Spiele in Sydney besuchte: Da hatte man in der Eintrittshalle der Schule eine auffällige Liste der teilnehmenden Länder aufgehängt und darauf die Zahl der olympischen Medaillen angegeben, die jedes Land gewonnen hatte. Diese Liste wurde täglich aktualisiert. Die Liste enthielt aber keines der Länder, die die Schüler dieser Schule repräsentierten (Niederlande, Marokko, Türkei usw.). Stattdessen wurde die Schule als ein aus den in der Schule vorkommenden Nationalitäten bestehendes »Land« behandelt. Die Medaillen der Länder, die in der Schule durch die Herkünfte der Schüler repräsentiert wurden, wurden also unter dem Namen der Schule aufgezählt. Die Schüler waren sehr stolz darauf, wenn ihre Schule wieder eine Medaille gewonnen hatte und in der Liste um einen Platz aufgerückt war.

Charakteristisch für diese Schule ist die Auffassung der Lehrer, dass die Kinder am besten durch Kooperation lernen. In den Klassen sitzen die Schüler in Kleingruppen und wer die Schule besucht, sieht, wie sie in aller Ruhe und Disziplin miteinander reden und arbeiten. Frontalunterricht und Arbeit der Schüler in Kleingruppen wechseln sich ab. Mariëtte de Haan und ich haben Prozesse der Zusammenarbeit in den höheren Klassen dieser Schule beobachtet

---

[1] Ich danke meinem Kollegen Wolfgang Herrlitz für die Korrektur des deutschen Textes.

und analysiert (Elbers/De Haan 2004, 2005; De Haan/Elbers 2005a, 2005b, 2008). Allerdings dürfen wir diese Schule nicht idealisieren: Die Qualität der Zusammenarbeit könnte verbessert werden (woran wir jetzt auch arbeiten; vgl. Biró/Elbers/De Haan 2007). Aber man kann beobachten, wie die Schüler einander helfen, wie sie – meistens in der niederländischen Sprache – miteinander kommunizieren und dadurch ihre Fähigkeiten in der Schulsprache üben. Natürlich kennt diese Schule auch ähnliche Probleme wie andere Schulen mit vielen Migrantenschülern. Aber sie macht einen günstigen Eindruck im Vergleich zu einigen Schulen, über die das Fernsehen und die Zeitungen in unserem Land gelegentlich berichtet haben, in denen die Lehrerschaft keine Lösung für die linguistische und kulturelle Diversität gefunden hat und die Leistungen der Schüler stark zurückbleiben.

Migrantenkinder in niederländischen Grundschulen

Durchschnittlich gibt es in niederländischen Grundschulen 15% Migrantenkinder. In den vier großen Städten Amsterdam, Rotterdam, Den Haag und Utrecht sind es ungefähr 50%, in Amsterdam und Rotterdam etwas mehr, in Den Haag und Utrecht etwas weniger. In Amsterdam weist die Hälfte der Grundschulen mehr als 70% Migrantenkinder auf. Schulen, die ausschließlich von Kindern mit Migrationshintergrund besucht werden, sind dort keine Seltenheit.

Bei den vier größten Migrantengruppen aus nichtwestlichen Ländern in den Niederlanden handelt es sich um Marokkaner, Türken, Surinamer und Antillianer. Auf diese Gruppen werde ich mich in diesem Beitrag konzentrieren. Die zwei letzten Gruppen stammen aus Surinam, einer ehemaligen Kolonie der Niederlande, und aus den niederländischen Antillen, einer Inselgruppe in Lateinamerika, die noch immer eine Kolonie der Niederlande ist. Die Einwanderer aus der Türkei und Marokko kamen in den letzten Jahrzehnten des 20. Jahrhunderts als Arbeiter, von denen ursprünglich erwartet wurde, dass sie später in ihr Land zurückkehren würden, die sich aber meistens endgültig in den Niederlanden niedergelassen haben. Außerdem gibt es auch Einwanderer aus anderen Ländern, darunter Flüchtlinge. Eine der bekanntesten ist wohl Ayaan Hirsi Ali, die eine Asylbewerberin aus Somalia war.

Viele Schüler sind Kinder der zweiten oder auch der dritten Generation. In den Klassen, in denen wir unsere Untersuchungen durchführen, sind fast alle

Kinder aus der zweiten Generation. Viele Kinder haben einen niederländischen Pass, manche haben auch eine doppelte Nationalität. Man kann z. B. die marokkanische Nationalität nicht aufgeben. Marokkanische Kinder mit einem niederländischen Ausweis haben also immer zwei Nationalitäten.

Zum Verständnis der Schulen muss ich ein Prinzip, das eine sehr wichtige Rolle in der niederländischen Gesellschaft spielt, erklären: das Recht auf freie Schulwahl oder, wie man das hier nennt, das Prinzip der Schulfreiheit. Kinder werden nicht automatisch einer Grundschule zugeordnet, sondern die Eltern wählen eine Schule für ihre Kinder aus. Eltern können unter gewissen Bedingungen auch eine Schule gründen. Man findet in den Niederlanden deshalb neben den öffentlichen Schulen und den (wenigen) Privatschulen eine dritte Kategorie: die sogenannten »besonderen« Schulen. Diese Schulen werden nahezu komplett vom niederländischen Staat finanziert, sie sind also normale Grundschulen, die den Unterricht so einrichten, wie es das niederländische Bildungsgesetz vorschreibt. Die besonderen Schulen haben meistens einen religiösen Charakter, bieten ihren eigenen Unterricht über Religion oder Weltanschauung an und wählen ihre Lehrerschaft so aus, dass sie den Charakter der Schule repräsentiert. So findet man katholische und protestantische Schulen und jetzt auch ungefähr 40 islamische Grundschulen. Historisch geht das Prinzip der Schulfreiheit auf den sogenannten Schulstreit im 19. Jahrhundert zurück, in dem katholische und orthodox-protestantische Eltern forderten, Religionsunterricht für ihre Kinder geben und eigene Schulen gründen zu können. Die Niederlande kennen eine Schulinspektion, die die Qualität des Unterrichts (nach der Ermordung von Theo van Gogh auch des Religionsunterrichts) regelmäßig prüft und darüber dem Bildungsminister und der Öffentlichkeit berichtet.

Das Prinzip der Schulfreiheit, das Bestandteil des Grundgesetzes ist, erklärt zum Teil die Konzentration von Migrantenkindern in Schulen. Migrantenkinder sind nicht gleichmäßig über die Schulen verteilt, weil die Migrantenbevölkerung vor allem in bestimmten Vierteln der Großstädte wohnt und Eltern für ihre Kinder gerne eine Schule in der Nähe suchen. Der zweite Mechanismus ist aber, dass die besonderen Schulen eine eigene Zulassungspolitik führen können. Im Gegensatz zu den öffentlichen Schulen müssen sie nicht jedes angemeldete Kind aufnehmen. Die Schulleitung kann Kinder mit dem Argument ablehnen, dass sie den spezifischen Charakter der Schule erhalten will. Die besonderen Schulen praktizieren dies in unterschiedlichem Maße. So führen katholische Schulen in den Niederlanden in Bezug auf Kinder aus islamischen Familien eine offenere

Zulassungspolitik als protestantische Schulen mit der Folge, dass katholische Schulen oft einen größeren Prozentsatz an Schülern mit türkischem oder marokkanischem Migrationshintergrund haben als andere besondere Schulen. Ein anderer Grund der Konzentration ist, dass einheimische Eltern für ihre Kinder manchmal eine Schule wählen, in der es keine oder nur wenige Migrantenkinder gibt; wenn sie den Anteil von Migrantenkindern in einer Schule zu hoch finden, suchen sie eine andere Schule für ihr Kind. Man nennt diesen Prozess »weiße Flucht«. Es gibt jetzt aber auch Initiativen von niederländischen Eltern, die möchten, dass ihre Kinder zusammen mit Migrantenkindern zur Schule gehen, und die dazu beitragen wollen, den Mechanismus der Entstehung von Schulen mit überwiegend Migrantenschülern durch die »weiße Flucht« zu durchbrechen.

Kinder in den Niederlanden beginnen ihre Schulzeit mit vier Jahren. Schulpflicht besteht ab dem fünften Lebensjahr, aber es ist üblich, dass Kinder an ihrem vierten Geburtstag mit dem Schulbesuch beginnen, auch wenn der in der Mitte des Schuljahres liegt. Die Beherrschung des Niederländischen, der Schulsprache, ist allerdings unter Migrantenkindern unterschiedlich. Für die Schüler mit surinamischem oder antillianischem Hintergrund ist Niederländisch eine vertraute Sprache, die zur Sprachenvielfalt in ihren Herkunftsländern gehört. In marokkanischen und türkischen Familien wird meistens kein Niederländisch gesprochen; die meisten Kinder aus diesen Familien lernen die niederländische Sprache in der Schule. Natürlich haben sie vor der Schule schon einige Kenntnisse des Niederländischen, sie treffen niederländische Kinder auf dem Spielplatz und sehen niederländisches Fernsehen.

Die größte Gruppe aus Marokko sind Berber, also keine Araber, sondern eine Minderheitsgruppe mit ihrer eigenen Sprache, Berber, die keine geschriebene Sprache ist. Viele Eltern der ersten Generation, vor allem die Mütter, besitzen keine Schulbildung. Auch das marokkanische Arabisch ist keine geschriebene Sprache. In Marokko lernen die Kinder in der Schule das sogenannte Standardarabisch.

In den Niederlanden ist der Bildungsweg von Schülern, also auch von Migrantenkindern, sehr gut dokumentiert. Es gibt die umfangreichen PRIMA-Kohorten-Studien, die die Leistungen von Grundschülern erheben und während einiger Jahre verfolgen. An diesen Kohortenstudien nehmen jährlich Tausende von Grundschülern teil (vgl. Driessen/Van der Slik/de Bot, 2002). Überdies machen die meisten Kinder in der letzten Klasse der Grundschule einen nationalen Test, den CITO-Test, der mathematische Fähigkeiten, Lesen, Schreiben und Weltkunde prüft. Man bringt die Leistungsdaten mit demographischen Merkmalen der Kinder in Zusammenhang und dadurch ist bekannt, wie groß die Leistungen und die Fortschritte z. B. türkischer Mädchen oder antillianischer Jungen sind. Die Erhebungen finden schon viele Jahrzehnte statt, so dass ein Vergleich über die Jahre hinweg möglich ist. Zwei wichtige Ergebnisse sind: Migrantenkinder haben in den letzten Jahrzehnten in Mathematik große Fortschritte gemacht, d. h., der Unterschied im Vergleich zu niederländischen Kindern ohne Migrationshintergrund (im Folgenden als einheimisch-niederländische Kinder bezeichnet) wird immer kleiner. Ein anderes Ergebnis statistischer Analysen von Werten des CITO-Tests ist, dass die Kluft, der Abstand zwischen einheimisch-niederländischen und türkischen und marokkanischen Schülern in der Beherrschung des Niederländischen noch immer sehr groß ist und sich nicht verringert. Das hat sich im Laufe der Jahre kaum geändert. Der Unterschied zu einheimisch-niederländischen Kindern mit Niederländisch als Muttersprache, ist durchschnittlich zwei Jahre. D. h., im Durchschnitt hat ein Kind türkischen oder marokkanischen Ursprungs im Alter von zehn Jahren im Niederländischen die Fähigkeiten eines achtjährigen einheimisch-niederländischen Kindes. Diese Daten sind selbstverständlich eine grobe Charakterisierung, denn es gibt unter Migrantenkindern, wie unter einheimisch-niederländischen Schülern, große Unterschiede in den Sprachfähigkeiten.

Bildungspolitik zwischen Multikulturalität und Integration

Die Integrationsphilosophie der Niederlande hat sich geändert – das ist für jeden, der die Entwicklungen in den Niederlanden, und sei es auch nur aus der Entfernung, verfolgt hat, offensichtlich. Der 11. September und zwei politische Morde haben die politische Landschaft erschüttert (vgl. Buruma 2007). Die Niederlande lassen weniger Migranten zu. Die Idee einer multikulturellen Gesellschaft, in der verschiedene Kulturen nebeneinander bestehen – und viele in unserem Land hatten davon eine idealistische, ja naive Vorstellung – hat zu heftigen und scharfen Diskussionen geführt. Viele betrachten die Verwirklichung einer multikulturellen Gesellschaft als unmöglich, andere sehen die frühere Popularität dieser Idee als Äußerung einer im Grunde genommen weitgehenden Indifferenz Gruppen und Personen mit anderen kulturellen und religiösen Auffassungen gegenüber. Einen Vorteil hat die jetzige Situation: Von Indifferenz kann keine Rede mehr sein. Täglich findet man Beiträge zu dieser Debatte in den Zeitungen und es finden Veranstaltungen statt. In Rotterdam z. B. hat die Stadtregierung, in der konservative und rechte Parteien eine Koalition bilden, eine Reihe von Veranstaltungen organisiert, auf denen sich einheimisch-niederländische und Migranteneinwohner treffen, um die Zukunft der Migrationsgesellschaft und den Islam zu diskutieren. Es ist nicht falsch zu behaupten, dass es einen neuen Konsensus in den Niederlanden gibt: Migranten müssen sich integrieren, sich die niederländische Sprache aneignen und die wichtigsten Fakten der niederländischen Geschichte und Kultur kennen. Personen, die jetzt in die Niederlande einwandern möchten, müssen eine Einbürgerungsprüfung machen, und nur wenn sie diese mit Erfolg abschließen, können sie zugelassen werden.

Auch die Bildungspolitik wird diskutiert und hat sich geändert. In der Debatte wird oft auf Erfahrungen zurückgegriffen, die man in den vergangenen 30 Jahren mit multikultureller Bildung und Unterricht in Migrantensprachen gemacht hatte. Diese Erfahrungen waren in vieler Hinsicht nicht positiv (einen Überblick bieten Driessen/Dekkers 2007). Unser Land kannte vor einigen Jahren noch den Unterricht von Migrantensprachen als Teil des Schulprogramms für Migrantenkinder. Die Vorteile dieses Unterrichts wurden in bildungspolitischen Dokumenten dreifach skizziert. Erstens sollte der Unterricht in der Muttersprache den Erwerb des Niederländischen erleichtern. Zweitens wollte man mit Sprachunterricht den Abstand zwischen Schule und Familie verringern. Und drittens sollten Schüler aus Migrantenfamilien durch Aneignung von Schulsprache und Familiensprache ein positives Selbstbild entwickeln. Faktisch wurde der Unterricht auf Türkisch und Standardarabisch beschränkt. Die Schüler mit Berber als Muttersprache unterrichtete man in Standardarabisch, auch wenn sie nur wenig oder gar kein Arabisch beherrschten. Die Resultate dieses Unterrichts waren relativ günstig für türkische Schüler; das Türkische ist ja eine reiche Kultursprache und viele Kinder können durch Lesen, Schreiben und digitale Kommunikation an literarischen Aktivitäten auf Türkisch teilnehmen. Für marokkanische Kinder aber war der Unterricht kein Erfolg – das marokkanische Arabisch und Berber sind gesprochene Sprachen und die Partizipation an schriftlichen Tätigkeiten ist deshalb auf Personen beschränkt, die Standardarabisch beherrschen.

Mein Eindruck ist, dass ein wichtiges Argument für den Unterricht in den Migrantensprachen jetzt nicht mehr überzeugt: Dass der Erwerb der Muttersprache die Aneignung des Niederländischen fördert und erleichtert – das ist ein Argument, worüber Linguisten sich oft gestritten haben, aber das man jetzt kaum mehr hört. Ich glaube, dass die unterschiedliche Erfahrung mit dem Türkischen und dem Arabischen zeigt, dass die Förderung der Muttersprache nur gelingen kann, wenn die Kinder an schriftsprachlichen Tätigkeiten teilnehmen können. Und dafür ist eine Bedingung, dass in der Familie Bücher vorgelesen und gelesen, Briefe geschrieben werden, etc. Die These des positiven Einflusses des Erwerbs der Muttersprache auf die Aneignung des Niederländischen trifft also nicht generell zu. Diesen Einfluss gibt es nur, wenn die Kinder die oben genannte Bi-Literalität entwickeln.

Der Unterricht in Migrantensprachen als Teil des Schulcurriculums wurde 2004 abgeschafft. In den höheren Stufen des Sekundarunterrichts kann man jetzt für die Abschlussprüfung Türkisch, Arabisch oder Russisch als Wahlfach wählen.

In einigen Schulen mit einer kulturell vielfältigen Schülerschaft experimentierte man mit dem Fach »Multikulturelle Bildung«, das vom Bildungsministerium gefördert und finanziell unterstützt wurde. Die zugrundeliegende Idee war, dass Schüler durch Kenntnis und Anerkennung von anderen Kulturen einander besser verstehen und akzeptieren würden. Untersuchungen der Effekte multikultureller Bildungsprogramme haben aber gezeigt, dass es in Schulen mit interkultureller Bildung genauso viel Diskriminierung und ethnische Vorurteile gab wie in anderen Schulen (vgl. Driessen/Dekkers 2007). Solche Programme findet man jetzt kaum noch.

Im Augenblick kann man zwei Tendenzen beobachten: Erstens wird versucht, Migrantenkinder so früh wie möglich in der niederländischen Sprache zu unterrichten. Man organisiert Klassen für dreijährige Kinder, die sogenannte vorschulische Bildung, und die Gemeinden geben sich Mühe, so viele Migrantenkinder wie möglich in die Vorschule aufzunehmen. Die zweite Tendenz ist, dass die Schulen mehr als zuvor selbst für die Leistungen ihrer Schüler verantwortlich gemacht werden. Schulen mit vielen Migrantenkindern bekommen zusätzliche Finanzierung, müssen aber mehr als bisher zeigen, dass sie damit hinsichtlich der Leistungen ihrer Schüler auch Erfolge zustande gebracht haben. Die Anwendung dieser zusätzlichen Mittel ist frei: Darüber können die Schulen selbst entscheiden. Sie müssen allerdings die Verwendung rechtfertigen und in Zukunft auch nachweisen, dass die Schüler Fortschritte gemacht haben.

Mehrsprachigen Unterricht findet man in den Niederlanden kaum. In einer Klasse mit Kindern mit fünf oder mehr verschiedenen Muttersprachen (in Amsterdam gibt es Schulen mit mehr als 30 verschiedenen Sprachen!) muss man darauf bestehen, dass Niederländisch gesprochen wird.

Es gibt verschiedene Untersuchungen zu zweisprachigen Schulen (z. B. von Dirim [1998] zu deutsch-türkischen Schulen oder von Moschkovich [2002] in den Vereinigten Staaten zu englisch-spanischen Schulen). Aber in den Niederlanden sind zweisprachige Schulen eine Ausnahme. In Schulen wurden gelegentlich türkisch- oder arabisch- oder berbersprechende Hilfskräfte anstellt, die die türkischen oder marokkanischen Schüler in den unteren Klassen für kurze Perioden von den einheimisch-niederländischen Kindern trennten, um sie in ihrer eigenen Sprache z. B. auf den Mathematikunterricht vorzubereiten. Aber das hat auch den Nachteil, dass die Kinder aus der Klasse genommen werden und einen Teil des regulären Unterrichts versäumen. Deshalb sollen die Eltern für den Erwerb schriftsprachlicher Fähigkeiten in der Muttersprache verantwortlich sein.

Leuchttürme:
Was kann man von den niederländischen Erfahrungen lernen?

Dass Kinder in den meisten deutschen Bundesländern im Vergleich zu den Kindern in den Niederlanden relativ spät, erst mit sechs oder sieben Jahren, zur Schule gehen, ist sicherlich keine gute Ausgangsposition, wenn man die Aneignung der Schulsprache fördern will. In den ersten zwei Klassen der niederländischen Grundschule (die Kinder sind dann vier bis sechs Jahre alt) ist das Lernen spielerisch gestaltet. Die Kinder, die zu Hause eine andere Sprache als die Schulsprache sprechen, fangen hier an, die Schulsprache aktiv zu sprechen und können schon früh grundlegende schriftsprachliche Fähigkeiten erwerben.

Die Aneignung der Schulsprache ist ein wichtiges Ziel und muss früh beginnen (vgl. z. B. Singleton 2001). Die vorschulischen Einrichtungen, die zunehmend gegründet werden, unterstützen Kinder schon im Alter von drei Jahren, ihre Kenntnisse der niederländischen Sprache zu erweitern. Das würde ich den Bildungspolitikern in Deutschland gerne ans Herz legen: Lasst die Kinder schon mit vier Jahren zur Schule gehen!

Seit den 1960er Jahren ist das niederländische Schulsystem dadurch charakterisiert, dass Schulen mit einem hohen Anteil von Kindern aus unteren sozialökonomischen Schichten, deren Eltern nur wenig Ausbildung genossen haben, mehr finanzielle Unterstützung bekommen. Die Schulen können diese zusätzlichen Mittel einsetzen, um den Bildungsrückstand dieser Kinder zu verkleinern. In den 1960er Jahren war diese Politik auf Kinder aus Arbeiterschichten gerichtet, in den 1990er Jahren vor allem auf Migrantenkinder. Eine Schule mit vielen Migrantenkindern bekam fast doppelt so viele Mittel wie eine Schule von vergleichbarer Größe mit ausschließlich Mittelschichtkindern.

Das Finanzierungssystem, das die Anwesenheit von Migrantenschülern begünstigt, wurde vom niederländischen Parlament vor einigen Jahren verändert. Das neue System fußt auf dem Gedanken, dass sich die Herkunft nicht unbedingt negativ auf die Leistungen auswirken muss, so dass nun auch Schulen für Schüler mit Eltern, die nur wenig Bildung genossen haben, mit zusätzlichen Mitteln finanziert werden. In Zukunft werden die Schulen den Rückstand dokumentieren und belegen müssen, um diese finanzielle Unterstützung weiterhin zu bekommen. D. h.: Die Schüler müssen regelmäßig getestet werden. Schulen mit Schülern, die nicht gut abschneiden, bekommen Mittel, mit denen die Schulen kleinere Klassen bilden, zusätzliche Lehrer anstellen und zusätzlichen Sprachunterricht organisieren können.

Um erfolgreich zu sein, gibt es für Schulen eine Bedingung: Migrantenkinder, die zu Hause eine andere Sprache als Niederländisch sprechen, müssen mit niederländischen Kindern umgehen, mit ihnen spielen, sprechen und zusammenarbeiten. Für die Schulen ist dies eine große Herausforderung. Über das Ausmaß, in dem Kinder mit verschiedenem Migrationshintergrund miteinander reden und zusammen spielen, ist fast nichts bekannt. Wir haben in Utrecht gerade eine Untersuchung in einer Vorschule begonnen, in der wir beobachten werden, wer mit wem spielt und redet. Wie oft spielen einheimisch-niederländische Kinder mit Migrantenkindern? Oder bilden die Sprachunterschiede eine Barriere, so dass türkische Kinder doch lieber mit anderen türkischen Kindern umgehen? Diese Kontakte, diese Kooperation von einheimisch-niederländischen Kindern und Migrantenkindern und von Migrantenkindern mit unterschiedlichem sprachlichen und kulturellen Hintergrund sind nicht nur wichtig für den Erwerb der Schulsprache, sondern auch für die weitere Entwicklung der Gesellschaft, für die Integration von Migrantenkindern und für das Zusammenleben in einer Gesellschaft mit Bürgern und Gruppen, die sich zum Teil an unterschiedlichen Werten und Idealen orientieren.

Ein Problem des niederländischen Schulsystems, das man in gewissem Grad auch in Deutschland findet, bezieht sich auf die Bildung im Sekundarunterricht.

Die Sekundarstufe kennt in den Niederlanden drei breite, in sich gestufte Bildungswege (die man nicht ganz mit dem deutschen Schulsystem vergleichen kann): Nach der achtjährigen gemeinsamen Grundschule haben die leistungsstarken Kinder die Möglichkeit, den »vorwissenschaftlichen Unterricht« (insgesamt sechs Jahre) zur Vorbereitung auf ein Studium zu besuchen. Die weniger leistungsstarken Kinder können den »allgemein bildenden Sekundarunterricht« (insgesamt fünf Jahre) und die Kinder der unteren Leistungsniveaus den »berufsvorbereitenden Sekundarunterricht« (insgesamt vier Jahre) besuchen. Ursprünglich war das System in den Niederlanden so konstruiert, dass ein Schüler nach Abschluss eines unteren Weges anschließend in die darüberliegende Ebene einsteigen konnte. Ein solches System ist für Kinder günstig, die Zeit brauchen, ihre Talente zu entdecken und zu entwickeln, also auch für manche Migrantenkinder, von denen eine Mehrzahl in der untersten Schulform ist und verbleibt. In den letzten Jahren ist es allerdings immer schwieriger geworden, eine höhere Ebene zu erreichen.

Ich ende deshalb mit einem Wunsch, der auf das niederländische und das deutsche Bildungssystem zutrifft: Schaffe Bildungswege, die solchen jungen Menschen zusätzliche Schulabschlüsse ermöglichen, die mehr Zeit brauchen, sich zu entwickeln. Baue die Mauern zwischen den Schulformen im Sekundarunterricht ab und erlaube den späteren Einstieg für Schüler, die anfangs auf den unteren Ebenen begonnen haben. Es sind gerade Migrantenkinder, die dies nutzen könnten, Kinder, für die bereits der Erwerb der Schulsprache eine Hürde bildet und die man nicht mit zehn oder zwölf Jahren auf einen Bildungsweg bringen sollte, den sie nicht mehr oder nur mit großer Anstrengung verlassen können.

Literatur

Biró, L./Elbers, E./de Haan, M. (2007): Teaching reasoning skills in multi-ethnic classrooms. Paper presented at the 12th conference of the European Association for Research in Learning and Instruction (EARLI), Budapest, Hungary (August 28 to September 1)

Buruma, I. (2007): Murder in Amsterdam. The death of Theo van Gogh and the limits of tolerance. London: Atlantic books

De Haan, M./Elbers, E. (2005a): Collaboration patterns in a multi-ethnic classroom in the Netherlands. Differences in the reconstruction of institutional norms and ethnicity.

In: Herrlitz, W./Maier, R. (Hrsg.): Dialogues in and around multicultural schools. Tübingen: Max Niemeyer Verlag, 265-282

De Haan, M./Elbers, E. (2005b): Peer tutoring in a multiethnic classroom in the Netherlands. A multiperspective analysis of diversity. In: Comparative Education Review 49(3), 365-388

De Haan, M./Elbers, E. (2008): Diversity in the construction of modes of collaboration in multiethnic classrooms. Continuity and discontinuity of cultural scripts. In: van Oers, B./Wardekker, W./Elbers, E./van der Veer, R. (Hrsg.): The transformation of learning. Cambridge: Cambridge University Press, 219-241

Dirim, İ. (1998): »Var mi lan marmelade?« Türkisch-deutscher Sprachkontakt in einer Grundschulklasse. Münster: Waxmann

Driessen, G./van der Slik, F./de Bot, K. (2002): Home language and language proficiency. A large-scale longitudinal study in Dutch primary schools. In: Journal of Multilingual and Multicultural Development 23(3), 175-194

Driessen, G./Dekkers, H. (2007): Educational inequalities in the Netherlands. Policy, practice and effects. In: Teese, R./Lamb, S./Duru-Bellat, M. (Hrsg.): International studies in educational inequality. Theory and policy. Volume 3. Inequality: Educational theory and public policy. New York: Springer, 257-274

Elbers, E./de Haan, M. (2004): Dialogic learning in the multi-ethnic classroom. Cultural resources and modes of collaboration. In: van der Linden, J./Renshaw, P. (Hrsg.): Dialogic learning. Shifting perspectives to learning, instruction and teaching. Dordrecht: Kluwer Academic Publishers, 17-43

Elbers, E./Haan, M. de (2005): The construction of word meaning in a multicultural classroom. Mediational tools in peer collaboration during mathematics lessons. In: European Journal of Psychology of Education, 20(1), 45-59

Moschkovich, J. (2002): A situated and sociocultural perspective on bilingual mathematical learners. In: Mathematical Thinking and Learning, 4(2), 189-212

Singleton, D. (2001): Age and second language acquisition. In: Annual Review of Applied Linguistics, 21, 77-89

Isabel Sievers
FRANKREICH: LA GRANDE NATION UND IHRE IMMIGRANTEN

Vorbemerkung

In sozialen Brennpunkten kommt es in den letzten Jahren in Frankreich vermehrt zu gewaltsamen Unruhen, die teilweise über die Landesgrenzen hinaus diskutiert werden (zuletzt im Herbst 2005 und 2006). Da an den Ausschreitungen zahlreiche Jugendliche mit Migrationshintergrund beteiligt sind, wird in diesem Zusammenhang neben der Sozialpolitik auch das französische Integrationsmodell kritisch hinterfragt (vgl. Newsletter »Migration und Bevölkerung« 10/05; Belaïd u. a. 2006). Gleichzeitig ist von Seiten der Regierung eine stetige Verschärfung des bereits in den letzten Jahren eingeschlagenen restriktiven Kurses in der Einwanderungspolitik zu beobachten (vgl. Engeler 2007, 5f.).

Doch was wissen wir darüber hinaus über die alltägliche Lebenssituation von Kindern und Jugendlichen mit Migrationshintergrund in Frankreich? Wie gestaltet sich ihre Bildungssituation, wo sprechen sie ihre Herkunftssprachen und wie geht das französische Schulsystem mit ihnen um?

Mit diesen und ähnlichen Fragen befasst sich der vorliegende Artikel.[1] Hierbei dürfen, wie Allemann-Ghionda feststellt, Phänomene wie Bildung und Erziehung jedoch nicht losgelöst von ihrem Kontext betrachtet werden (2004, 57). Wir können einzelne Bilder und Gegebenheiten nur verstehen, wenn wir den gesamten Kontext betrachten. Wenn wir uns also im Folgenden speziell mit der soziokulturellen Vielfalt in Frankreichs Schulen befassen, soll dies stets in Erinnerung bleiben und versucht werden, die Sachverhalte trotz der Kürze des Beitrags in ihrer Komplexität und mit ihren zahlreichen Verknüpfungen (historischer, politischer und bildungspolitischer Art) darzustellen.

---

[1] vgl. zur Vertiefung der Fragestellungen insbesondere aus der Sicht von Lehrkräften meine Dissertation zum Thema »Soziokulturelle Vielfalt in Schulen. Der pädagogische Umgang mit Heterogenität unter französischen und deutschen Lehrkräften«

Étrangers und immigrés in Frankreich

Frankreich ist in Europa das Land mit der längsten Einwanderungstradition. Wenn man vier Generationen zurückgeht, stammt fast ein Drittel der heutigen Franzosen von Einwanderern ab. Der Anteil an Personen, die in Frankreich ohne französische Staatsangehörigkeit leben, lag im Jahr 2005 hingegen bei nur 5,7%. Neben diesen *étrangers* werden aber auch die sogenannten *immigrés* statistisch erfasst. Hierbei handelt es sich um Personen, die mit einer ausländischen Staatsbürgerschaft im Ausland geboren wurden, mittlerweile aber die französische Nationalität angenommen haben können. Der Anteil an *immigrés* betrug 2005 8,1% der Bevölkerung. Diejenigen, die mit einer ausländischen Nationalität in Frankreich geboren wurden und nun eingebürgert sind, werden hier nicht erfasst (vgl. INSEE 2006).

Wie auch in anderen europäischen Ländern gibt es in Frankreich hinsichtlich der regionalen Verteilung der Ausländer- und Immigrantenanteile große Unterschiede. Es findet sich eine starke Konzentration von Immigranten in den Städten und hier wiederum in bestimmten Stadtteilen, häufig in sozialen Brennpunkten, sogenannten *zones urbaines* (ZU) mit einer hohen Zahl an Arbeitslosen (z. B. im nördlich von Paris gelegenen Departement Seine-St. Denis). Des Weiteren sind deutliche Tendenzen einer »Ghettoisierung« zu beobachten, bei der sich eine regionale Schwerpunktbildung entsprechend der ethnischen Herkunft ergibt (vgl. Ottersbach 2004; Maurin 2005).

In bestimmten Schulen ist daher ein hoher Anteil von Schülern mit Migrationshintergrund zu finden. Es muss aber berücksichtigt werden, dass diese Schüler zu einem Großteil die französische Staatsangehörigkeit besitzen und teilweise auch nicht unter die Kategorie *immigrés* fallen, da im Sinne des Territorialprinzips (*ius soli*) in Frankreich geborene Kinder ausländischer Eltern (Angehörigen der zweiten Einwanderergeneration) mit vollendetem 18. Lebensjahr automatisch die französische Staatsangehörigkeit erhalten und die dritte Generation bereits von Geburt an Franzosen sind (Currle 2004, 88f.). Die Zahl der Schüler ohne französische Staatsbürgerschaft (*étrangers*) beträgt im Landesdurchschnitt etwa 5% der gesamten Schülerschaft (vgl. Ministère de l'Éducation national 2007, 87, 143). Die PISA-Studie, die den Migrationsstatus der Schüler anhand international vergleichbarer Kriterien misst (mindestens ein Elternteil, das im Ausland geboren wurde), stellt 2003 bei den Jugendlichen in Frankreich jedoch einen Anteil von Schülern mit Migrationshintergrund von durchschnittlich 26,3% fest (zum Vergleich in Deutschland 20,6%) (vgl. Ramm u. a. 2004, 257).

Bei den »Herkunftsländern« der Schüler bzw. deren Familien spiegelt sich die koloniale Geschichte Frankreichs wider. Seit dem Zweiten Weltkrieg stammt über die Hälfte der Einwanderer in Frankreich aus den Ländern des ehemaligen Kolonialreiches. Der Großteil der Familien kommt aus Algerien, Marokko, Tunesien aber auch aus Portugal. Seit 1990 sind insbesondere die Einwanderungszahlen aus den subsaharischen Ländern Westafrikas kontinuierlich gestiegen. Die in jüngster Zeit Zugewanderten kommen aus Westafrika (Benin, Elfenbeinküste), Südostasien und der Türkei. Aber auch die Zuwanderung aus Pakistan und Indien gewinnt zunehmend an Bedeutung (vgl. INSEE 2006).

Zur Bildungssituation von Schülern mit Migrationshintergrund in Frankreich

Schüler mit Migrationshintergrund weisen in ihrer Gesamtheit in Frankreich ein geringeres schulisches Niveau und geringere schulische Abschlusserfolge auf als solche ohne Migrationshintergrund. Selbst wenn sie in Frankreich geboren wurden und die *école maternelle* (die kostenneutrale Vorschule) besucht haben, sind diese Schüler häufiger vom sogenannten »échec scolaire«, dem schulischen Scheitern betroffen (vgl. hierzu und zum Folgenden INSEE 2005, 98f.; Caille 2007, 118). Unter den Schülern, deren Eltern beide immigriert sind, wiederholt ein Schüler von dreien eine Klasse in der Grundschule, bei Schülern mit nur einem immigrierten Elternteil wiederholt nur einer von fünf Schülern eine Klasse. Weniger als ein Schüler von vier aus einer immigrierten Familie erreicht im Gegensatz zu einem Drittel der Schüler aus gemischten Familien oder solchen ohne Migrationshintergrund das Abitur (*baccalauréat général et technologique*), ohne eine Klasse wiederholt zu haben. Schüler aus Migrantenfamilien verlassen zweimal so häufig die Schule ohne Qualifikation. Sie sind des Weiteren häufiger in der *section générale et professionelle adaptée* (SEGPA) zu finden, welche Schülern mit großen schulischen Schwierigkeiten oder Behinderungen vorbehalten ist. Insgesamt bestehen bei den Leistungen jedoch deutliche Unterschiede nach Herkunftsnationalitäten, wobei die Jugendlichen algerischer und türkischer Herkunft am schlechtesten abschneiden (ausführlich dazu Tribalat 1995, 148; Caille 2007, 119). Auch die OECD-Sonderauswertung »Where Immigrant Students Succeed – a comparative Review of Performance and Engagement from PISA 2003« bestätigt, dass in Frankreich Schüler mit Migrationshintergrund und insbesondere solche der zweiten Generation schlechter abschneiden als die einheimischen Schüler (vgl. OECD 2006, 2; PISA-Datenbank 2003). Von wissenschaftlicher Seite aus wird dieser geringere schulische Erfolg in Frankreich jedoch insbesondere mit der Tatsache in Zusammenhang gebracht, dass Immigrantenkinder häufig in einem familiären Umfeld leben, welches Schulerfolg nicht begünstigt: Zwei Drittel von ihnen gehören Arbeiterfamilien an. Bei einem Großteil der Schüler hat die Mutter ein geringes Bildungsniveau, die meisten haben mindestens drei weitere Geschwister und sie besuchen häufiger Schulen in sozialen Brennpunkten, sogenannten bildungspolitischen Prioritätszonen (ZEP) (vgl. INSEE 2005, 98; Caille 2007, 119). Bei vergleichbarer Struktur und Größe der Familie, einem vergleichbaren Bildungsniveau und Berufen der Eltern, erhöht sich der Erfolg der immigrierten Kinder in der Grundschule. In den höheren Klassen erreichen die *enfants immigrés* bei vergleichbaren sozialen, familiären und schulischen Bedingungen mindestens genauso gute Ergebnisse wie solche ohne Migrationshintergrund (ebd.).

Der bildungspolitische und pädagogische Umgang mit einer soziokulturell gemischten Schülerschaft

Fragen zum bildungspolitischen und pädagogischen Umgang mit einer soziokulturell heterogenen Schülerschaft lassen sich nur vor dem Hintergrund des republikanischen Selbstverständnisses Frankreichs erklären, denn noch heute verlässt sich Frankreich integrationspolitisch auf die Assimilationskraft der republikanischen Idee. Das »republikanische Modell« der Integration erwartet von den Einwanderern die Übernahme der französischen Kultur und Sprache. Kulturelle Eigenheiten werden im öffentlichen Rahmen nicht anerkannt und sind auf den privaten Bereich zu beschränken (vgl. Bizeul 2004, 147). Zentrale Integrationsinstrumente dieses Modells sind die laizistische öffentliche Schule, aber auch der leichte Zugang zur Staatsbürgerschaft. Für den Erwerb der französischen Staatsbürgerschaft wird die Akzeptanz der universalistischen Ideale *liberté, égalité, fraternité* eingefordert und vorausgesetzt, ungeachtet der Herkunft oder Religionszugehörigkeit.[2]

---

[2] vgl. zur Krise des republikanischen Integrationsmodells Payet 2004; Wieviorka 2004

Dem republikanischen Prinzip folgend wird die Herkunftssprache von Migranten offiziell nur im privaten Bereich angewendet. Demzufolge wird auch der herkunftssprachliche Unterricht nur außerhalb der Schulzeit (beispielsweise an dem schulfreien Mittwochnachmittag) angeboten (der Fremdsprachenunterricht und einige wenige Modellprojekte seien hier ausgenommen, vgl. hierzu auch den Beitrag von Eckert/Hélot/Young in diesem Band). In der Regel herrscht eine »Nichtakzeptanz« anderer Sprachen im Schulalltag (Sunier 2002).

Das französische Bildungssystem legt seinerseits sehr viel Wert auf das Erlernen der französischen Sprache, sowie die Integration in die französische Gesellschaft und forciert dies durch verschiedene Maßnahmen und pädagogische Konzepte. Im Folgenden werden die Wesentlichen dargestellt. Die kurze Präsentation in diesem Rahmen kann leider nicht der historischen Entwicklung gerecht werden, die sich hinter diesen Maßnahmen verbirgt (hierzu sei verwiesen auf Abdallah-Pretceille 1999, sowie Allemann-Ghionda 2002).

Vorbereitungsklassen

Ganz im Sinne der traditionellen republikanischen Integrationsmission der französischen Schule ist die Einrichtung von Vorbereitungsklassen für sogenannte »Neuankömmlinge« aus dem Ausland, den *Classes d'initiation* an Grundschulen 1970 und den *Classes d'adaption* an Sekundarschulen. Ihre Aufgabe besteht darin, die Beherrschung der französischen Sprache zu fördern und so die Grundlage für eine schnelle Integration in den Schulalltag zu schaffen. Diese speziellen Vorbereitungsklassen dienen noch heute in Frankreich dem Erlernen der französischen Sprache. Im Schuljahr 2003-2004 besuchten 82% der sogenannten »Neuankömmlinge« (*élèves nouveaux arrivant non francophone*) spezialisierte Vorbereitungsklassen (INSEE 2005, 96). Die Klassen sind multilingual zusammengesetzt und werden von französischen Lehrern geführt. Ihre Dauer ist auf maximal ein Jahr begrenzt. Für die Grundschule besteht ferner die Möglichkeit, einen integrierten Eingliederungslehrgang (*Cours de rattrapage integré* – CRI) zu wählen, bei dem die Schüler lediglich für einige Stunden pro Woche aus dem regulären Klassenverband herausgenommen werden, um sich dem Lernen der französischen Sprache zu widmen.

Die Vorbereitungsklassen werden in Frankreich aufgrund ihres segregierenden Charakters kritisiert (vgl. Lorcerie 2003). Ihre pädagogischen Befürworter verweisen jedoch auf relativ bessere Schulerfolge der Schüler, die solche

Klassen besuchen, im Gegensatz zu denen, die unmittelbar in die französischen Regelklassen integriert werden. Sie betonen ferner den Aspekt der Einführung in die französische Schule und Gesellschaft. Aktuell werden aber vor allem offene Formen der Vorbereitungsklassen diskutiert, die eine flexible Eingliederung der Schüler und Schülerinnen in die Regelklasse ermöglichen sollen (vgl. Cortier/Richet 2004, 2ff.). Aber auch in den regulären Schulen wird viel Wert auf die französische Sprachförderung gelegt, denn die französische Sprache hat erste Priorität: »La langue française, orale et écrite, est la première priorité« (vgl. Ministère de l'Education National 1994, 5). Der große Teil der Schüler besucht bereits mit drei Jahren (in sozialen Brennpunkten sogar ab zwei Jahren) die kostenneutrale Vorschule (*école maternelle*) und auch sonst ist das Schulsystem ganztägig organisiert. Die Schule hat hier mehr Möglichkeiten der Einflussnahme auf die Sprachentwicklung der Schüler, als dies in halbtags organisierten Schulsystemen möglich ist. Während des Unterrichtsalltags wird ausschließlich Französisch gesprochen, eine Ausnahme bildet lediglich der Fremdsprachenunterricht (vgl. Sunier 2002, 155f.).

Interkulturelle Erziehung

Der interkulturellen Erziehung/Bildung (*éducation interculturelle*), wie sie sich in Europa seit Ende der 1970er Jahre entwickelt, ist in Frankreich kein dauerhafter Erfolg beschieden, da die Vorstellung der Wertschätzung kultureller Differenzen dem Grundkonzept der schulischen *égalité* zu sehr widerspricht. Die Gegenargumente kommen von verschiedenen Seiten: Interkulturelles Lernen sei kein »wirkliches« Lernen, sondern eine Art »Feiertagspädagogik«, die die entscheidenden Ursachen der schulischen Ungleichheit unangetastet lasse (vgl. Abdallah-Pretceille 1999, 80f.). Und schließlich schaffe die interkulturelle Pädagogik, entgegen ihren eigentlichen Intentionen, neue Ungleichheiten, indem sie die Migrantenkinder privilegiere. Gleichheit sei auf dem Wege der pädagogischen Umsetzung des »Rechts auf Verschiedenheit« nicht zu verwirklichen. Infolge der vielseitigen Kritik wird der Begriff des Interkulturellen in Frankreich in den 1990er Jahren uminterpretiert im Sinne einer Öffnung der Schule zur internationalen Realität und weltoffenen Bildung. Pädagogische Fragen der Immigration erscheinen von da an stärker unter dem Dach der Dritte-Welt-Erziehung, der Menschenrechtserziehung und der schulbegleitenden Hilfen. Bevorzugt werden eine allgemeine Öffnung der Inhalte, eine Ausweitung des Fremdsprachenangebots und die Behandlung des Rassismusproblems in Rahmen der *éducation civique* (Bürgerkunde) (vgl. Bourgarel 1991, 118; Auduc 2004, 34f.). Martine Abdallah-Pretceille fasst die Situation der interkulturellen Bildung in Frankreich 1995 wie folgt zusammen: »Ce n'est pas la théorie du flou, c'est la pratique du vide« (1995, 40; nach Allemann-Ghionda 2002, 145). Die interkulturelle Erziehung sei nicht einmal mehr verschwommene Theorie, sie sei die Praxis der Leere (vgl. hierzu auch Abdallah-Pretceille 1999; Lorcerie 2002; Ouellet 2002). Aktuell ist zu beobachten, dass zunehmend die Rede von einem »Umgang mit Vielfalt« oder dem Erziehen in »heterogenem Kontext« ist (vgl. Abdallah-Pretceille 2003).

Bildungspolitische Prioritätszonen

Seit den Unruhen vom November 2005 wird insbesondere das Konzept der sogenannten bildungspolitischen Prioritätszonen (*zones éducation prioritaire* – ZEP) kritisch diskutiert. Sie wurden 1981 von der damaligen sozialistischen Regierung geschaffen, um unter anderem migrantenspezifische Strukturen zu beseitigen. Eine ZEP bildet einen Kooperationsverbund mehrerer Schulen in einem bestimmten Gebiet, welches durch soziale Bedingungen gekennzeichnet ist, die Schulerfolge erschweren oder verhindern. In den ZEP werden finanzielle Mittel für kleinere Klassen, zusätzliche Unterrichtsstunden, finanzielle Anreize für Lehrkräfte und Programme zur Förderung von Lernmotivation und der Entwicklung von Berufsperspektiven bereitgestellt (vgl. Ottersbach 2004, 96). Die Einrichtung dieser Prioritätszonen hat die Analyse und Behandlung der Probleme von Immigranten verschoben. Sie sollten in der weiteren Perspektive der sozialen und kulturellen Integration der Bevölkerungsgruppen zu sehen sein, die in Bereichen leben müssen, die Schwierigkeiten aller Art ausgesetzt sind. Die bildungspolitischen Prioritätszonen stellen somit die bildungspolitische Entsprechung der auf lokale Maßnahmen konzentrierten Integrationspolitik der damaligen Zeit dar (vgl. VEI Enjeux 2000). Die Zahl der ZEP hat sich im Laufe der Jahre jedoch stark erhöht und lag im Jahr 2006 bei rund 750, was wiederum zur Verringerung der jeweiligen Mittel führt und stark kritisiert wird. Des Weiteren wird bemängelt, dass in den sensiblen Zonen überwiegend junge unerfahrene Lehrkräfte tätig sind, die sobald sie eine bestimmte Zahl an »Punkten« (Berufsjahren) haben, Versetzungsanträge stellen (vgl. Felouzis u. a. 2005).

Insbesondere als Folge der öffentlichen Debatte sollten von Januar 2006 an mehr Mittel für die schulische Ausbildung und die Förderprogramme speziell in die Ballungsgebiete fließen (5000 neue Stellen für pädagogische Berater und rund 100 Millionen Euro für Organisationen, die in den betroffenen Vierteln Sozialarbeit leisten) (vgl. Süddeutsche Zeitung, 09.11.2005). Im Juni 2006 wurde des Weiteren ein »Gesetz zur Chancengleichheit« verabschiedet, mit dessen Hilfe insbesondere für die Bewohner der Vorstädte die Chancengleichheit gestärkt und Diskriminierung verhindert werden soll. Das Gesetz sieht unter anderem die Schaffung eines freiwilligen Zivildienstes sowie einer Nationalen Agentur für soziale Kohäsion vor. Zugleich wird das Alter für das Erlernen eines Lehrberufes auf 15 Jahre gesenkt. Über die Respektierung der Chancengleichheit sollen künftig eigens ernannte Präfekten wachen. Es wird deutlich, dass Integrationspolitik in Frankreich untrennbar mit Antidiskriminierungspolitik verbunden ist.

Ausblick

Für die Entwicklung der erziehungswissenschaftlichen Diskussion in Frankreich im Bezug auf eine heterogener werdende Schülerschaft kann zusammenfassend gesagt werden, dass seit Anfang der 1990er Jahre auf offizieller Ebene eine deutliche Betonung nationaler Werte, Prioritäten und Perspektiven im Bildungsbereich sowie eine Abstandnahme vom Thema der kulturellen Vielfalt sichtbar wird. Gleichzeitig lässt sich feststellen, dass die Fördermaßnahmen und pädagogischen Ansätze im Hinblick auf die französischen Sprachkompetenzen der Schüler durchaus Erfolge zeigen. Durch die französische Bildungspolitik scheinen sich die Probleme der Jugendlichen zeitlich stärker nach hinten zu verlagern, denn trotz guter Französischkenntnisse und einer relativ hohen Abiturientenrate herrschen bei jungen Immigranten bestimmter Stadtbezirke eine extrem hohe Arbeitslosigkeit und schlechte Zukunftsperspektiven. Probleme, wie sie sich im Herbst 2005 und 2006 in Frankreich manifestiert haben, hängen weniger mit Sprachdefiziten in der französischen Sprache bei Migranten zusammen, sondern weisen auf komplexere soziale Ausgrenzungsprozesse hin. Gegenstand aktueller bildungspolitischer Debatten sind daher die Aufwertung der beruflichen Ausbildung und die Verbesserung der Eingliederung in den Arbeitsmarkt. Die Herausforderung für die französische Politik und Bildungspolitik stellt die Verringerung der sozialen und geographischen Chancenungleichheiten bzw. die

Überwindung der sozialen und ökonomischen Marginalisierung der Migranten in den Vorstädten dar. Dies sollte auch für die Situation bzw. Diskussion in anderen Ländern bedacht werden: Bildung und Sprachkenntnisse von Migranten alleine reichen für eine gelungene Integration in die Gesellschaft nicht aus, es muss stets auch an der sozialen Chancengleichheit gearbeitet werden. »Von Frankreich lernen« könnte heißen, rechtzeitig zu erkennen, dass Sprachförderung nicht alles ist, wenn es um die Zukunft europäischer Einwanderungsgesellschaften geht, sondern dass die Bekämpfung von sozialer Ungleichheit und von Diskriminierung in zentralen Bereichen wie Bildung, Arbeit und Wohnen mindestens genauso wichtig ist.

Literatur

Abdallah-Pretceille, M. (1999): L'éducation interculturelle. Paris: PUF

Dies. (2003): Former et éduquer en contexte hétérogène. Pour un humanisme du divers. Paris: Edition Economia

Allemann-Ghionda, C. (2002): Schule, Bildung und Pluralität. Sechs Fallstudien im europäischen Vergleich. Bern: P. Lang, 2. durchgesehene Auflage

Dies. (2004): Einführung in die Vergleichende Erziehungswissenschaft. Weinheim/Basel: Beltz

Belaïd, C./Autain, C./Beaaud, S./Chemetov, P. (Hrsg.) (2006): Banlieue, lendemains de révolte. Paris: La Dispute

Bizeul, Y. (2004): Kulturalistische, republikanische und zivilgesellschaftliche Konzepte für die Integration von Immigranten. In: Bizeul, Y. (Hrsg.): Integration von Migranten. Französische und deutsche Konzepte im Vergleich. Wiesbaden: DUV

Caille, J.-P. (2007): Perception du Système éducativf et projets d'avenir des enfants d'immigrés. In: Education & Formation n°74, avril 2007, 117-142

Cortier, C./Richet M. (2004): Les dispositifs d'accueil et de scolarisation des nouveaux arrivants allophones: un observatoire pour les politiques locales d'integration/ségrégation. Lyon: (Arbeitspapier)

Currle, E. (2004): Migration in Europa. Daten und Hintergründe. Stuttgart: Lucius & Lucius

Felouzis, G./Liot, F./Perroton, J. (2005): L'Apartheid scolaire. Enquête sur la ségrégation ethnique dans les collèges. Paris: Édition du Seuil

Engler, M. (2007): Focus Migration. Länderprofil Frankreich, Nr. 2. www.focus-migration.de (19.09.07)

INSEE (Hrsg.) (2005): Institut national de la statistique et des études économique: Les immigrés de France, édition 2005. Fiche thématique. Paris: Édition INSEE

Dies. (2006): Enquêtes annuelles de recensement de 2004 et 2005, Abb. 5. Paris: Édition INSEE

Newsletter »Migration und Bevölkerung« 10/05. www.focus-migration.de (04.06.07)

OECD (Hrsg.) (2006): »Where Immigrant Students Succeed – a comparative Review of Performance and Engagement from PISA 2003«. Paris: www.oecd.org/dataoecd/2/57/36665235.pdf

Ottersbach, M. (2004): Jugendlich in marginalisierten Quartieren. Ein deutsch-französischer Vergleich. Wiesbaden: VS Verlag

Lorcerie, F. (2003): L'école et le défit ethnique. Éducation et intégration. Paris: INRP

Ministère de l'Education National (1994): Le nouveau contrat pour l'école. 158 décisions. Paris: Ministére de I'Éducation National

Payet, J.-P. (2004): Schulerfolg, Staatsbürgerschaft und Diskriminierung: Die Paradoxe der Integration von Jugendlichen aus Migrantenfamilien im französischen Schulsystem. In: Fröhlich, M./u. a. (Hrsg.) (2004): Interkulturalität in europäischer Perspektive. Frankfurt a. M.: Brandes & Apsel

Ramm, G./Prenzel, M./Heidemeier, H./Walter, O. (2004): Soziokultureller Hintergrund: Migration. In: PISA-Konsortium Deutschland (Hrsg.): PISA 2003. Der Bildungsstand der Jugendlichen in Deutschland – Ergebnisse des zweiten internationalen Vergleichs. Münster: Waxmann

Sunier, T. (2002): Landessprache und Muttersprache. In: Schiffauer, W./Baumann, G./Kostoryano, R./Vertovec, S. (Hrsg.): Staat – Schule – Ethnizität. Münster: Waxmann, 141-160

Tribalat, M. (1995): Faire France. Une enquête sur les immigrés et leurs enfants. Paris: La Découverte

VEI Enjeux (2000): ZEP. Le troisième souffle? Hors série n° 2, décembre 2000

Wieviorka, M. (2004): Zur Überwindung des Konzeptes der Integration. Eine Lektion aus französischen Erfahrungen der Gegenwart. In: Bizeul, Y. (Hrsg.): Integration von Migranten. Französische und deutsche Konzepte im Vergleich. Wiesbaden: DUV, 1-11

Natalie Eckert, Andrea Young, Christine Hélot

SPRACHLICHE UND KULTURELLE VIELFALT ALS RESSOURCE BEGREIFEN
Ein Language Awareness-Schulprojekt an einer französischen Grundschule

> We are seeking to light fires of curiosity about the central human characteristic of language which will blaze throughout our pupils' lives. While combating linguistic complacency, we are seeking to arm our pupils against fear of the unknown which breeds prejudice and antagonism. Above all we want to make our pupils' contacts with language, both their own and that of their neighbours, richer, more interesting, simply more fun. (Hawkins: Awareness of Language – An Introduction, 1985, 6)

Dieser Artikel beschäftigt sich mit einem Schulprojekt, welches in einer kleinen französischen Grundschule von einigen Lehrerinnen initiiert wurde, um einer zunehmenden Anzahl von fremdenfeindlich motivierten Zwischenfällen in ihrer Schule entgegenzuwirken. Unter Einbezug der Eltern beschäftigt sich dieses Projekt mit der sprachlichen und kulturellen Vielfalt im Umfeld der Schule und begreift diese als Ressource für einen umfangreichen Lernprozess.

Die linguistische und die interkulturelle Dimension stehen im Fokus der folgenden Betrachtung des Projekts. Auf die Rahmenbedingungen, insbesondere auf die französische Schul- und Sprachenpolitik, kann hier nur kurz eingegangen werden. Im Mittelpunkt steht die Durchführung des Projekts unter Bezugnahme auf das Konzept *Awareness of Language* nach Hawkins und die Betrachtung des Projekts aus der Perspektive interkultureller Bildung und Erziehung. Abschließend soll die Möglichkeit der Übertragbarkeit eines Projekts dieser Art in den deutschen Schulkontext untersucht werden.

Rahmenbedingungen: die französische Schul- und Sprachpolitik

In Frankreich wird von offizieller Seite – wie in Deutschland – nur recht zögerlich die Tatsache anerkannt, ein Einwanderungsland und vor allem auch ein mehrsprachiges Land zu sein (vgl. Hélot/Young 2006b; Gogolin/Krüger-Potratz 2006). Das zentral organisierte und hierarchisch strukturierte französische Schulsystem ist stark einer republikanischen Sichtweise und dem Ideal der Gleichheit innerhalb einer Sprache und einer Kultur verhaftet. Implizit verfolgt die französische Schulpolitik damit ein Modell, welches Integration mit Assimilation gleichsetzt. Die französische Sprache spielt in diesem Zusammenhang eine zentrale Rolle, sie besitzt absolute Priorität in den Programmen für die Arbeit in der Grundschule. Der »monolinguale Habitus« der französischen Schulkultur ist damit fest in der Bildungspolitik des Landes verankert.[1] Von Migrantenkindern wird insofern erwartet, dass sie schnellstmöglich das Niveau ihrer muttersprachlichen Klassenkameraden erreichen. Innerhalb einer stark hierarchisierenden Sprachenpolitik erfahren Migrantensprachen von geringem Sprachprestige kaum Berücksichtigung im Schulalltag.

Das Schulprojekt: kulturelle und sprachliche Vielfalt als Ressource

Didenheim ist ein kleiner Vorort der elsässischen Industriestadt Mulhouse nahe der deutschen und der schweizerischen Grenze. Zu Beginn des Projekts besuchten 84 Kinder, verteilt auf vier Klassen, die dortige Grundschule *École de la Sirène de l'Ill*.[2] Mehr als ein Drittel von ihnen hatte einen Migrationshintergrund in der ersten, zweiten oder dritten Generation, allerdings besaßen nur acht Kinder nicht die französische Staatsbürgerschaft. In den Familien der Schüler/innen mit Migrationshintergrund wurden insgesamt zwölf verschiedene Sprachen gesprochen. Hinzu kamen circa 5% zweisprachig aufgewachsene Schüler/innen, in deren Elternhaus der lokale Dialekt gesprochen wurde. Einige Kinder entstammten einem familiären Umfeld, in dem mehr als zwei Sprachen praktiziert wurden.[3]

---

[1] zur französischen Sprach- und Bildungspolitik vgl. Hélot/Young 2002, 2003b, 2005, 2006

[2] Anm.: Kleine lokale Grundschulen sind in Frankreich allgemein üblich.

[3] 10,7% arabischer, 9,5% türkischer, 4,7% polnischer, jeweils 2,4% portugiesischer

Vorrangige Zielsetzungen des von den Lehrerinnen als Reaktion auf Fremdenfeindlichkeit an ihrer Schule initiierten Projekts waren die Sensibilisierung der Schüler/innen für sprachliche und kulturelle Vielfalt in ihrem Umfeld sowie die Schaffung einer besseren Bindung zwischen Schule und Elternhaus mittels Einbezug der Eltern in die Durchführung des Projekts. Die Projektveranstaltungen sollten die verschiedenen, im Umfeld der Schule vorhandenen Sprachen und Kulturen gleichwertig in ihrer Vielfalt und in ihrer Eigenart präsentieren und den Kindern Beziehungen zwischen den Sprachen bzw. Kulturen aufzeigen.

Das von drei Lehrerinnen konzipierte, behördlich genehmigte und über drei Jahre in Zusammenarbeit mit Eltern durchgeführte Schulprojekt[4] begann im September 2000 (Schuljahresbeginn) und beteiligte die Schüler/innen der ersten drei Grundschuljahrgänge (im Alter zwischen sechs und neun Jahren). Aufgrund seines Erfolgs nicht nur auf individueller und Schul- sondern auch auf Gemeindeebene wurde das Projekt inzwischen als fester Bestandteil des Unterrichts an der *École de la Sirène* übernommen und geht damit dem Fremdsprachenunterricht, der in Frankreich in den letzten beiden Grundschuljahren (Altersgruppe der Neun- bis Elfjährigen) beginnt, voraus.

Konzeptionelle Grundlagen, allgemeine Inhalte und Ziele des Projekts

Als Inhalt und Ziel des Projekts wurde von den Lehrerinnen formuliert, »die Schüler mit anderen Sprachen in Kontakt zu bringen mit dem Ziel, sie für den Gebrauch von Sprache zu sensibilisieren und sie mittels der Präsentation von Festen und Traditionen, Kleidungsweisen, Landeskunde usw. mit anderen Kulturen vertraut zu machen, um schließlich in diesem Lernprozess die Akzeptanz von Anderen und Andersartigem zu fördern und stereotype Vorurteile abzubauen«.

Damit betrachten die Pädagoginnen Sprache in einem kulturellen Zusammenhang und verbinden das Lernen über Sprache mit einem Prozess inter- bzw. transkulturellen Lernens. Ziel der Lehrerinnen ist, dem »monolingualen Habi-

---

und italienischer sowie 4,7% anderer Herkunft; darüber hinaus 4,7% aller Kinder, in deren Familien Elsässisch gesprochen wurde – bis auf ein marokkanisches Kind und sieben türkische Kinder besaßen alle die französische Staatsbürgerschaft.

[4] Über drei Jahre laufende Schulprojekte, die vom für die jeweilige Schule zuständigen *inspecteur* behördlich genehmigt werden müssen, sind Bestandteil der französischen Schulpraxis.

tus« ebenso wie der Monokulturalität des Klassenzimmers entgegenzuwirken und aus dem Zusammenspiel der vielfältigen individuellen kulturellen Lebensweisen der Schüler/innen und ihres familiären Hintergrunds eine gemeinsame Klassenkultur zu begründen, in der alle Schüler/innen ihren Platz und ihre Sprachen Anerkennung und Raum finden. Im Gegensatz zu der vorherrschenden Politik und Praxis des Schulsystems, in welchem eine starke Diskrepanz in der Wertschätzung von unterschiedlichen Formen der Zweisprachigkeit deutlich wird – einerseits eine angestrebte Bilingualität innerhalb einer europäischen Perspektive, andererseits eine missachtete, bereits vorhandene Mehrsprachigkeit von Migrantenkindern – werden die verschiedenen, im Umfeld der Schule gesprochenen Sprachen in dem Didenheim-Projekt gleichwertig präsentiert. Bezüglich des Sprachenlernens folgen die Pädagoginnen dabei dem Konzept *Language Awareness* nach Hawkins, bei dem es nicht wie beim traditionellen Fremdsprachenlernen um die Beherrschung einer oder mehrerer Fremdsprachen geht, sondern vielmehr darum, über die Begegnung mit vielen verschiedenen linguistischen Systemen bei den Schülern/innen ein Bewusstsein von sprachlicher Vielfalt zu wecken und sie für vielfältige Facetten von Sprache und ihrem Gebrauch zu sensibilisieren.

Das Didenheim-Schulprojekt soll hier unter der Perspektive des Sprachenlernens nach Hawkins' Konzept *Language Awareness* im Folgenden als ein Modell präsentiert werden, wie die Sprachen von Schülern/innen bzw. ihrer Familien in kulturell vielfältigen Klassen in das Schulleben in einer Weise integriert werden können, dass *alle* Schüler/innen, auch einsprachige, durch den Gewinn von Sprachbewusstheit und Erwerb von metasprachlichen Kompetenzen profitieren.

Das hier vorgestellte *Language Awareness*-Projekt ist jedoch keine Konzeption, die den ergänzenden Muttersprachenunterricht für Kinder mit Migrationshintergrund ersetzen kann oder soll. Ebenso wenig greift es den Status der Nationalsprache an, noch soll es den (frühen) Fremdsprachenunterricht ersetzen. In der Schule in Didenheim geht das Projekt, welches während der ersten Grundschuljahre stattfindet, vielmehr dem frühen Fremdsprachenunterricht voran, um die Schüler für das Lernen von Sprachen zu motivieren.

Die Durchführung des Projekts, pädagogische, soziale und affektive Aspekte

Im Mittelpunkt des Projekts stand die Begegnung der Schüler/innen mit der Vielfalt von Sprachen und Kulturen in ihrem Umfeld durch die Präsentationen der Herkunftssprachen durch die Migranteneltern. Es wurden von den Lehrerinnen jedoch alle Eltern, auch solche, die eine Fremdsprache nicht muttersprachlich beherrschten, eingeladen, sich an dem Projekt zu beteiligen. Durch die ergänzende Vorstellung von weiteren Fremdsprachen durch französischmuttersprachige Personen vermittelten diese den Schülern neben den linguistischen und kulturellen Aspekten durch ihr persönliches Interesse an Sprachen und ihre Motivation zum Sprachenlernen, dass es auch im Erwachsenenalter möglich ist, das Erlernen einer Sprache zum Hobby zu machen. Die überwiegend positiven Reaktionen der Eltern auf die Anfrage der Lehrerinnen offenbarten nicht nur eine umfangreiche Praxis vieler verschiedener Sprachen im unmittelbaren Umfeld der Kinder, sondern bestimmten auch die Auswahl der präsentierten Sprachen. Innerhalb von drei Jahren wurden den Schülern/innen im Rahmen des *Language Awareness*-Projekts in jeweils zwei bis drei Sitzungen pro Sprache insgesamt 18 verschiedene Sprachen, eingebettet in einen kulturellen Kontext, präsentiert: Elsässisch, Japanisch, Vietnamesisch, Malaiisch, Mandarin, Spanisch, Finnisch, Portugiesisch-Brasilianisch, Serbokroatisch, Polnisch, Italienisch, Türkisch, Russisch, Berber, Marrokanisch-Arabisch, die französische Gebärdensprache, Englisch und Deutsch. Die Auswahl der Sprachen erfolgte dabei nicht willkürlich, sondern entsprang dem tatsächlichen linguistischen Kontext der Schule, der Schüler/innen und ihrer Familien. Die Veranstaltungen wurden von den Eltern mit Unterstützung der Lehrerinnen vor- und nachbereitet und fanden einmal wöchentlich während der regulären Unterrichtszeit statt. Während die linguistischen Inhalte vorab festgelegt wurden, waren die Eltern in der methodischen Gestaltung der Veranstaltungen und in der Auswahl der kulturellen Inhalte frei – sowohl linguistische als auch kulturelle Inhalte wurden zugleich jedoch auch stets von den sich ergebenden Fragen der Kinder mitbestimmt. Die Lehrerinnen halfen den Eltern bei der Umsetzung ihrer Ideen und Vorstellungen in ein pädagogisches Projekt, unterstützten sie bei der Vorbereitung und Durchführung ihrer Vorhaben und vermittelten während der Präsentationen zwischen ihnen, den präsentierten Inhalten und den Schülern/innen. Die Sprachen und die kulturellen Elemente wurden von den Eltern in konkreten Situationen mittels Aktivitäten präsentiert, die die Kinder ganzheitlich ansprachen und es ihnen erlaubten, sich aktiv einzubringen, etwa im Erarbeiten und Kochen eines italienischsprachigen Rezepts, im Praktizieren traditioneller Tänze und Singen von Liedern, beim Probieren der von den Eltern vorbereiteten Speisen und in kommunikativen Situationen, in denen die Schüler/innen Umgangsformen wie z. B. Begrüßungsrituale in verschiedenen Sprachen spielerisch erlernen konnten.

Zugleich beinhalteten die Veranstaltungen auf der inhaltlichen Ebene zahlreiche fächerübergreifende Bezüge zu verschiedenen Unterrichtsfächern, z. B. Geografie und Landeskunde, Geschichte oder Musik (die Schüler haben unter anderem das Lied »Zum Geburtstag viel Glück« in den meisten der vorgestellten Sprachen singen gelernt) und sogar Mathematik (Kopfrechenaufgaben in einer Fremdsprache mithilfe einer Übersetzungstabelle für die Zahlenbezeichnungen). Die linguistischen und kulturellen Inhalte der Language Awareness-Veranstaltungen wurden zudem im Laufe der Woche während des regulären Unterrichts von den Lehrerinnen aufgegriffen und in verschiedene Unterrichtsfächer integriert, z. B. durch das Lesen von traditionellen Geschichten in bilingualen Büchern im Französischunterricht oder Kalligraphie in kyrillischer oder arabischer Schrift im Kunstunterricht.

Neben Elementen wie Sprach- und Kulturvergleich aus der Perspektive von Sprachreflexion und -bewusstheit sowie interkulturellem Austausch beinhaltete das von der unmittelbaren Lebenswelt der Kinder ausgehende Projekt damit weitere allgemeinpädagogische Aspekte, neben dem Lebensweltbezug und dem Anspruch einer Pädagogik vom Kinde aus sowie der Transdisziplinarität vor allem die Öffnung von Unterricht auf allen Ebenen. Die Authentizität der Lehr-Lern-Situation ist ein weiterer, essentieller pädagogischer Aspekt des Projekts. Indem die Veranstaltungen von Eltern durchgeführt wurden, die Schüler/innen und Lehrerinnen an ihren persönlichen Kenntnissen und Erfahrungen teilhaben ließen, konnte ein mehrdimensional bedeutungsvoller Austausch stattfinden.

Die linguistische Dimension des Didenheim-Projekts

Die Lehrerinnen der Schule in Didenheim folgten einem inklusiven Ansatz, in dem die Herkunftssprachen der Schüler/innen zum Ausgangspunkt genommen wurden für einen Spracherziehungs- und -bildungsprozess, der einen reflexiven

Umgang mit Sprache zum Ziel hatte. Sie basierten das Projekt auf das Konzept *Awareness of Language* und betrachteten die Sprachen nicht isoliert voneinander, sondern unter der Perspektive des Sprachenvergleichs und der Beziehungen zwischen den verschiedenen Sprachen, um über den Prozess zunehmender Sprachbewusstheit die Akzeptanz fremder Sprachen zu fördern, allen Sprachen der Schüler/innen in der Schule Raum zu geben und damit schließlich dem »monolingualen Habitus« der Schulkultur entgegenzuwirken.

Konzeptionelle Grundlage des Projekts: Language Awareness als erweitertes Konzept des Sprachenlernens

Das Konzept *Awareness of Language* wurde bereits 1985 von Hawkins als alternatives bzw. ergänzendes Konzept des Sprachenlernens vorgestellt. Über die Beschäftigung mit und die Reflexion über Sprache selbst sowie über die Beziehungen zwischen verschiedenen Sprachen sollen Einsicht in Funktionsweisen und Charakter von Sprache, Sprachbewusstheit und Sprachkompetenz erworben werden. Als interdisziplinärer Bestandteil des Curriculums soll *Awareness of Language* zum einen dem schulischen Fremdsprachenunterricht vorbereitend und unterstützend vorausgehen. Zum anderen geht es Hawkins um Dezentralisierung und Toleranz und Offenheit gegenüber anderen Sprachen und darum, das Interesse der Schüler für Sprache und Sprachen zu wecken. Hawkins betont dabei die Verantwortlichkeit aller Lehrer für die Spracherziehung der Schüler, *Awareness of Language* ist transdisziplinär und als Zusammenarbeit von Englisch-, Fremdsprachen- und Fachlehrern konzipiert. Einen besonderen Fokus richtet er auf Schüler mit Sprachschwierigkeiten, da er einen Zusammenhang feststellt zwischen einem sprachlich zunehmend komplexer werdenden Schulunterricht, dem Kinder mit geringen schulsprachlichen Kompetenzen in abnehmendem Maße folgen können, und damit einen nicht zu ignorierenden Einfluss der Schule selbst auf den Misserfolg von Kindern aus einem minderheitensprachigen Elternhaus.

Language Awareness in der Praxis[5]

Die große Vielfalt von Sprachen im lokalen Umfeld der Grundschule in Didenheim ermöglichte den Schülern die Begegnung mit vielen verschiedenen linguistischen Systemen. Sie lernten Sprachen aus einer Vielzahl verschiedener Sprachfamilien kennen und entdeckten damit neben einer Vielfalt phonetischer Systeme auch verschiedene Schriftsysteme. Den Kindern wurden neben dem lateinischen und dem kyrillischen Alphabet auch die arabische Schreibweise und verschiedene Zeichenschriftsysteme wie das chinesische und japanische präsentiert, einige wurden im Kalligraphieunterricht ergänzend eingeübt.

Die Sprachen wurden jeweils in einem geografischen Kontext präsentiert. Indem die Schüler lernten, wo auf der Welt die präsentierten Sprachen gesprochen werden, entdeckten sie Länder auf fast allen Kontinenten – Lateinamerika, Europa, Asien und Afrika – und lernten, sich auf der Weltkarte zurechtzufinden. In diesem Zusammenhang wurde den Schülern/innen auch aufgezeigt, dass die Anzahl der Sprecher einer Sprache sehr stark variieren kann. Auch nehmen bereits Kinder Unterschiede bezüglich des Prestiges und des Status einer Sprache wahr. Durch die gleichwertige Präsentation aller Sprachen im Projekt sollten Vorurteile aber auch der sich verändernde Status von Sprachen reflektiert werden. Durch die Präsentation der Sprachen in Verbindung mit kulturellen Aspekten und Praktiken wurde zudem der Zusammenhang von Sprache und Kultur für die Schüler/innen erfahrbar.

Da das Projekt während der ersten drei Grundschuljahre stattfand, wurde das Lernen über Sprache methodisch abwechslungsreich, handlungsorientiert und entdeckend gestaltet.[6] So erwarben die Schüler/innen spielerisch Vokabular in

---

[5] Die folgenden Ausführungen und Evaluationen stützen sich auf Videoaufzeichnungen, bereits veröffentlichte Evaluationen von Hélot und Young (s. Literaturliste), Aufzeichnungen von Interviews mit am Projekt beteiligten Lehrerinnen, Schüler/innen und Eltern sowie seitens N. E. auf persönliche Gespräche mit den Beobachterinnen, einer der Lehrerinnen und eigene Beobachtungen während einer Projektsequenz.

[6] Es ist bei diesem fließenden Übergang und der Vermischung von sprachlichen und kulturellen Elementen verschiedener Art wie Folklore, Tradition und persönlichere Lebensweisen zu beachten, dass es sich um einen erfahrungsorientierten Ansatz handelt, mit dem Kindern im Alter zwischen sechs und neun Jahren über ein ganzheitliches Erleben verschiedener Dimensionen von Sprache und Kultur an eine erweiterte Sichtweise herangeführt werden sollen. Dies beinhaltet, auch folkloristische Praktiken einzubeziehen, die Schüler dieses Alters motivieren – das Projekt als Ganzes geht jedoch weit über diese Perspektive von Kultur hinaus.

alltäglichen Feldern wie Farben, Obst, Zahlen, übten Lieder und Tänze, lernten Bedeutungen aus dem Zusammenhang oder aus Bildern abzuleiten, hörten verschiedene Töne und lernten, sie zu unterscheiden und nachzusprechen, entdeckten die Vielfalt diakritischer Zeichen und deren Gebrauch in verschiedenen Schriftsystemen, erkannten Parallelen zwischen Sprachen und Dialekten wie dem Elsässischen und dem Deutschen, Portugiesisch und Französisch, Italienisch und Spanisch und erstellten Posterpräsentationen für jedes Herkunftsland. Die Eltern brachten den Schülern/innen ihre Sprachen und Kulturen in vielfältigen Aktivitäten und Präsentationen nahe: Die brasilianische Mutter brachte eine selbst erstellte PowerPoint-Präsentation über den brasilianischen Fußball mit, die Präsentation des Finnischen wurde von einer Videoaufzeichnung begleitet, die finnische Kinder für die Schüler/innen in Didenheim von ihrer Schule und dem sie umgebenden Wald gemacht hatten und in der sie von dem finnischen Schulalltag und den Tieren im hohen Norden berichteten. Die japanischsprechende französische Mutter kam in einem traditionellen japanischen Kostüm in die Schule und übte mit den Kindern japanische Höflichkeitsformen und Speisezeremonien ein. Die malaiische Mutter dekorierte die Schule anlässlich des Chinesischen Neujahrsfests mit Bambus und roten Girlanden, bat die Schüler/innen in roter, grüner oder gelber Kleidung in die Schule zu kommen und gab ihnen chinesische Münzen in kleinen roten Umschlägen, die über das Jahr ungeöffnet Glück bringen sollten. Viele Eltern brachten kulinarische Spezialitäten ihrer Herkunftsländer mit oder bereiteten gemeinsam mit den Kindern Gerichte zu. Die vietnamesische Mutter brachte den Kindern jedoch nicht nur das Essen mit Stäbchen und in einer zeremoniell korrekten Sitzposition bei, sie erklärte auch die Bedeutung vietnamesischer Vornamen und sie erzählte den Schülern/innen ihre persönliche Lebensgeschichte, sprach über ihre Kindheit in Vietnam vor dem Krieg und die Flucht mit ihren Eltern und Geschwistern nach Frankreich.

Die Fragen[7] der Schüler/innen reflektieren zunehmendes Interesse an den Funktionsweisen von Sprachen und linguistische Bewusstseinsbildung:

- Warum ist Elsässisch ein Dialekt und keine Sprache?
- Warum hat das Vietnamesische so viele verschiedene Akzente, warum gibt es Punkte unten und Akzentstriche oben?
- Was für eine Art Akzent haben japanische Menschen?

---

[7] Die Fragen der Schüler/innen wurden aus Videoaufzeichnungen der Sequenzen protokolliert.

- Haben alle elsässischen Familiennamen eine Bedeutung?
- Ist die Gebärdensprache überall auf der Welt dieselbe?
- Wenn man Arabisch von rechts nach links schreibt – liest man es dann auch von rechts nach links?
- Ist Französisch also eine Sprache?

Besonders die letzte Frage zeigt neben dem Prozess der Bewusstwerdung auf linguistischer Ebene auch eine Tendenz zur Dezentralisierung: Die bisher als Selbstverständlichkeit wahrgenommene eigene Sprache wird durch die Begegnung und Auseinandersetzung mit vielen anderen Sprachen als ein linguistisches System unter vielen erkannt. Auch andere Fragen zeigen, dass die Schüler/innen in der Lage sind, sich selbst an der Stelle eines anderen vorzustellen und Empathie zu entwickeln:

- Ist es schwer, Französisch zu lernen, wenn man Chinese ist?
- Wie telefoniert man, wenn man taub ist?

Nach Hawkins (1985) ist der Fragen entwickelnde Charakter ein Hauptmerkmal des Konzepts *Language Awareness*. Die Schüler/innen im Didenheim-Projekt brachten durch umfangreiche, spontane Fragen sowohl ihr Interesse als auch ihre Reflexion über die Inhalte zum Ausdruck: Fragen nach Lauten und Klang von Sprache, nach Schriftsystemen und nach den Menschen, die diese Sprachen sprechen ebenso wie nach den Erlebnissen ihrer Sprecher. Die Fragen der Schüler/innen konnten durch die muttersprachigen Eltern von einer Person mit umfangreichem Hintergrundwissen über die präsentierte Sprache und Kultur beantwortet werden, auch in dieser Hinsicht ist die persönliche Begegnung mit Menschen aus anderen Kulturen bedeutungsvoll. Dies erkannten auch die Schüler/innen. Befragt nach ihrer Meinung über den Sprachenunterricht durch die Eltern antwortete eine Schülerin stolz: »Meine Mutter weiß mehr als die Lehrerin.« Auch Schüler/innen, deren Eltern nicht in der Klasse präsentiert hatten, urteilten positiv: »Ich fand es gut, dass die Leute in die Klasse gekommen sind, weil die Lehrerin kaum eine Sprache kann.« Und: »Es ist besser, wenn andere Menschen kommen, weil die Lehrerin nicht aus allen diesen Ländern kommt.« Oder: »Ich fand es gut, dass die Leute in die Schule gekommen sind, um von den Sprachen zu erzählen, besser als die Lehrerin, weil sie aus einem Land kommen, wo die Sprache gesprochen wird.«[8]

---

[8] eigene Übersetzungen

Die Videodokumentationen der Projektsequenzen zeigen deutliche Neugier und Motivation der Schüler/innen und dokumentieren ein sich zunehmend entwickelndes Interesse an Sprache und Sprachen, welches sie durch vielfältige Fragen zu Eigenschaften von Sprache, Ausdrucksweisen und Sprachgebrauch äußern. Tatsächlich verfolgten ausnahmslos alle Schüler/innen den *Language Awareness*-Unterricht mit Begeisterung und Aufmerksamkeit. Die Beobachtung der Kinder offenbarte neben einem hohen Level der Beteiligung an den angebotenen Aktivitäten auch die Bereitschaft und den Wunsch, mehr über die präsentierten Sprachen und Kulturen zu lernen, wobei die Schüler/innen (mit Ausnahme einiger Kommentare beim Probieren von ihnen unbekannten Speisen) keine negativen Beurteilungen oder abfälligen Bemerkungen über kulturelle Praktiken oder sprachliche Elemente äußerten. Während ältere Schüler/innen häufiger Fragen über kulturelle Inhalte stellten, machte es jüngeren vor allem Spaß, fremde Laute zu reproduzieren und Kassetten mit Liedern in sehr fremdartigen Sprachen anzuhören. Die Schüler/innen hatten nicht nur kaum bis keine Probleme, sondern entwickelten vielmehr Spaß daran, Laute und Töne zu wiederholen, die sie nie zuvor gehört hatten und Töne unterscheiden zu lernen. Ihre Reaktionen, Fragen und Bemerkungen offenbarten ein zunehmendes metalinguistisches Bewusstsein. So erkannten sie etwa in einer Sprache häufig verwendete Phoneme und in verschiedenen Wörtern verwendete gleiche Morpheme sowie Sprachverwandtschaften und ein Kind bemerkte, dass im Finnischen die Schreibweise der Aussprache von Wörtern entspricht und folgerte daraus, dass es sehr leicht sein müsste, im Finnischen lesen zu lernen. Zugleich sprachen die Sequenzen die Kinder auf einer affektiven Ebene an, förderten ihre Neugier und eine positive Einstellung gegenüber anderen Lebensweisen: So interessierten sich etwa alle Schüler/innen für das Leben der gleichaltrigen Kinder in Lappland und ein Kind sagte am Ende der finnischen Lektion, es werde seinen Vater bitten, in den nächsten Ferien nach Finnland zu fahren. Die sich hier offenbar entwickelnde Empathie und Offenheit gegenüber anderen Sprachen, Kulturen und Lebensweisen richtet sich jedoch nicht nur auf einen Bereich außerhalb der unmittelbaren Lebenswelt der Kinder, sondern ist auch innerhalb des Klassenzimmers und im Umfeld der Schule Folge des Projekts, das neben der Dimension der Sprachbewusstheit auch einen interkulturellen Lernprozess beinhaltet.

Über den Kontakt mit verschiedenen Sprachen in konkreten, handlungsorientiert gestalteten Situationen aus der Perspektive des Austauschs, nicht der Konkurrenz zwischen den einzelnen Sprachen, konnten die Schüler/innen schließlich nicht nur einen Eindruck verschiedener Funktionen und Funktionsweisen von Sprache in der Kommunikation und in der Gesellschaft, sondern auch ein Bewusstsein der Beziehungen zwischen einer Person und ihrer Sprache und Kultur erwerben. Dabei beinhaltete das Projekt neben zahlreichen kognitiven Aspekten des Konzepts *Language Awareness* – wie das Nachdenken und Reflektieren über Sprache und ihren Gebrauch, die Unterschiede innerhalb einer und zwischen verschiedenen Sprachen wie über Gemeinsamkeiten und über die Vielfalt und Vielfältigkeit von Sprache und Sprachen – auch zahlreiche affektive Faktoren und entwickelte nicht nur das metalinguistische Bewusstsein der Schüler/innen, sondern förderte über das Verstehen und Respektieren von sprachlichen und kulturellen Unterschieden und die Einsicht in die eigene(n) Sprache(n) und Sprachpraxis in der Begegnung mit anderen linguistischen Systemen die Offenheit und Toleranz gegenüber Anderem. Zugleich wurde die Beziehung zwischen Elternhaus und Schule nicht nur durch die Öffnung des Klassenzimmers für die Eltern und ihren Einbezug ins Schulleben gestärkt. Den Lehrerinnen öffnete das Projekt die Möglichkeit, selbst etwas über die Herkunftssprachen ihrer Schüler/innen zu lernen, um aus diesem Wissen Nutzen für ihr pädagogisches Handeln zu gewinnen. Die Befragungen der Lehrerinnen während und im Anschluss an das Projekt zeigen deutliche Veränderungen ihrer Einstellungen gegenüber dem Lernen von Sprachen in der Schule und der Mehrsprachigkeit ihrer Schüler/innen sowie Einflüsse des Projekts auf ihre pädagogische Praxis. Neben der Erkenntnis verschiedenster Sprachbesonderheiten und der sich daraus ergebenden möglichen Schwierigkeiten beim Fremd- bzw. Zweitsprachenlernen gewannen sie Einsicht in den Zusammenhang von Sprache und Kultur. Indem sie ihre durch das Projekt gewonnenen Erfahrungen in ihre reguläre Unterrichtspraxis übertrugen, gelang es ihnen, deren »monolingualen Habitus« zugunsten eines Klassenklimas zu verändern, in dem alle Sprachen und Kulturen der Schüler nicht nur Akzeptanz und Wertschätzung erfuhren, sondern auch als eine kollektive Ressource für Lernprozesse der ganzen Klasse angesehen wurden.

Zusammenfassend[9] lassen sich aus dem *Language Awareness*-Projekt der Grundschule in Didenheim folgende Evaluationen konstatieren:

(1) Komplexe linguistische Sachverhalte können jungen Schülern/innen erklärt werden.

---

[9] vgl. die bereits veröffentlichten Evaluationen von Hélot/Young (2002, 2003, 2005, 2006)

(2) Umso verschiedener eine Sprache von der eigenen ist, desto mehr zeigen sich die Schüler/innen motiviert, sie zu verstehen.
(3) *Language Awareness* als ein Modell sprachlicher Bildung erlaubt es, allen Sprachen denselben Status in der Klasse zu geben.
(4) Demzufolge kann jede Sprache Gegenstand eines *Language Awareness*-Unterrichts sein.
(5) Solange sich die Unterrichtsgestaltung an den Fähigkeiten und dem Niveau der Schüler orientiert, können theoretisch beliebig viele Sprachen in eine solche Unterrichtseinheit von entsprechender Länge einbezogen werden.
(6) Die Kinder mit Migrationshintergrund und ihre Eltern fühlen sich durch die Wertschätzung und Anerkennung ihrer Herkunftssprachen besser in die Schule integriert.
(7) Die Einstellungen der Lehrerinnen gegenüber Zwei- bzw. Mehrsprachigkeit von Schüler/innen sind durch den Kontakt mit den Herkunftssprachen der Schüler/innen im Projekt positiver geworden, dies hat auch Einfluss auf ihr pädagogisches Handeln.
(8) Das Beispiel der Lehrerinnen in Didenheim zeigt, dass Heterogenität den ihr häufig zugewiesenen Problemcharakter verliert, wenn kulturelle und sprachliche Vielfalt von Klassen als Ressource für umfangreiche Lernprozesse gesehen wird.

Schlussfolgerung

Hawkins forderte bereits 1985, *Awareness of Language* als fächerübergreifenden Bestandteil des Schulcurriculums einzuführen. Dies wäre in der deutschen Schule nicht nur aus der Perspektive interkultureller Bildung und Erziehung möglich, die Möglichkeit der Integration eines *Language Awareness*-Unterrichts erweist sich nicht nur mit den allgemein-pädagogischen Vorgaben für die Arbeit in der deutschen Grundschule als kompatibel, sondern entspricht auch den Empfehlungen für den Fremdsprachen- und den Sachunterricht.[10] Angesichts der erfolgreichen Umsetzung vieler Anforderungen an die Primarbildung im Didenheim-Schulprojekt stellt sich die Frage, warum im Rahmen des frühen Fremdsprachen-

---

[10] vgl. Kerncurricula und die ungekürzte Version dieses Artikels

unterrichts den Schülern/innen nur die Begegnung mit einer einzigen Fremdsprache ermöglicht werden soll. Die umfangreichen Kompetenzen und das vielfältige Wissen der Schüler/innen der ersten Jahrgänge der Grundschule in Didenheim zeigt, dass junge Schüler/innen keinesfalls durch die Begegnung mit vielen Sprachen überfordert werden, wenn dies in einem entsprechenden didaktisch-methodischen Rahmen geschieht, sondern dass ein dem frühen Fremdsprachenlernen vorausgehender *Language Awareness*-Unterricht vielmehr das Interesse an Sprache und die Motivation zum Sprachenlernen fördert und neben dem Erwerb metasprachlichen Bewusstseins auch einen Beitrag zur inter- und transkulturellen Bildung und Erziehung leistet. Auch aus der Perspektive der europäischen Sprachenbildungspolitik erscheint das *Language Awareness*-Projekt der Grundschule in Didenheim richtungsweisend: Hier haben die Schüler/innen bereits vor Beginn des frühen Fremdsprachenunterrichts während ihrer ersten Grundschuljahre gelernt, sich in 18 verschiedenen Sprachen zu begrüßen, zu bedanken und einfache Fragen zu stellen sowie einfaches Vokabular erworben.

Das Didenheim-Projekt stellt nicht nur ein Beispiel dar, wie es für engagierte Pädagogen in ihrer individuellen Praxis möglich ist, mittels der Öffnung ihres Unterrichts Veränderungen in einem kleinen, unterrichtspraktischen Rahmen herbeizuführen, sondern zeigt auch, dass es möglich ist, Hawkins' Konzept *Awareness of Language* in einem erfolgreichen und umfangreichen Lernprozess in die pädagogische Praxis umzusetzen. Es wäre wünschenswert, wenn auch in Deutschland Grundschüler/innen von einem fächerübergreifenden Modell des Sprachenlernens dieser Art profitieren könnten.

Literatur

Beacco, J.-C./Byram, M. (2007): From Linguistic Diversity to Plurilingual Education. Guide for the Development of Language Education Policies in Europe. Main Version, Council of Europe, Strasbourg. http://www.coe.int/t/dg4/Linguistic/Guide_niveau3_EN.asp#TopOfPage (08.05.2007)

Datta, A. (Hrsg.) (2005): Transkulturalität und Identität – Bildungsprozesse zwischen Exklusion und Inklusion. Frankfurt a. M.: IKO – Verlag für Interkulturelle Kommunikation

Fehling, S.(2004): Language Awareness und bilingualer Unterricht – Eine komparative Studie. Frankfurt a. M.: Peter Lang Europäischer Verlag der Wissenschaften

Gogolin, I./Krüger-Potratz, M. (2006): Einführung in die Interkulturelle Pädagogik. Opladen/Farmington Hills: Verlag Barbara Budrich

Gogolin, I./Neumann, U./Roth, H.-J. (2003): Förderung von Kindern und Jugendlichen mit Migrationshintergrund – Gutachten, Bund-Länder-Kommission für Bildungsplanung und Forschungsförderung, Heft 107, Bonn

Han, P.(2000): Soziologie der Migration. Stuttgart: Lucius & Lucius Verlagsgesellschaft

Hawkins, E. (1985): Awareness of Language: An Introduction. Cambridge: Cambridge University Press

Hélot, C./Young, A. (2002): Bilingualism and Language Education in French Primary Schools: Why and How Should Migrant Languages be Valued? In: International Journal of Bilingual Education and Bilingualism, Vol. 5, No. 2, 96-112

Hélot, C./Young, A. (2003a): Education à la diversité linguistique et culturelle: le rôle des parents dans un project d'éveil aux langues en cycle 2. In: Simon, D.-L./Sabatier, C. (Hrsg.): Le plurilinguisme en construction dans le système éducatif: contextes, dispositifs, acteurs – Revue de Linguistique et de Didactique des Langues. Université Stendhal de Grenoble, 187-200

Hélot, C./Young, A. (2003b): Language Awareness and/or Language Learning in French Primary Schools Today. In: Language Awareness, Vol. 12, No. 3 & 4, 236-246

Hélot, C./Young, A. (2005): The Notion of Diversity in Language Education: Policy and Practice at Primary Level in France. In: Mac Aigain, E. (Hrsg.): Journal of Language Culture and Curriculum, Vol. 18, No. 3, Clevedon, UK, 242-257

Hélot, C./Young, A. (2006a): La diversité linguistique et culturelle à l'école: comment négocier l'écart entre les langues et les cultures de la maison et celle(s) de l'école? In: Hélot, C. et al.: Ecarts de langue, écarts de culture: A l'école de l'Autre. Frankfurt a. M.: Peter Lang Europäischer Verlag der Wissenschaften, 207-225

Hélot, C./Young, A. (2006b): Imagining Multilingual Education in France: A language and cultural awareness project at primary level. In: Skutnabb-Kangas, T./Garcia, O./Torres Guzman, M. E. (Hrsg.): Imagining Multilingual Schools. Clevedon, UK, 69-90

Kommission der Europäischen Gemeinschaften (2002): Arbeitsdokument der Kommissionsdienststellen: Förderung des Sprachenlernens und der sprachlichen Vielfalt – Konsultation. Brüssel. http://ec.europa.eu/education/policies/lang/policy/consult/consult_de.pdf (21.06.2007)

Krüger-Potratz, M. (2005): Interkulturelle Bildung – Eine Einführung. Münster: Waxmann

Kultusministerkonferenz (1997): Interkulturelle Bildung und Erziehung in der Schule, Bekanntgabe des Beschlusses vom 25.2.1997. http://nibis.ni.schule.de/nibis.phtml?menid=647 (28.05.2007)

Ministère de l'Éducation nationale (2006): Qu'apprend-on à l'école élémentaire. Paris: CNDP. http://www.cndp.fr/ecole/ (23.05.2007)

Niedersächsisches Kultusministerium (Hrsg.) (1995): Didaktisch-methodische Empfehlungen für das Fremdsprachenlernen in der Grundschule. Hannover: Schroedel Schulbuchverlag GmbH. http://www.nibis.de/nli1/gohrgs/rrl/empfehlungen_fremd_gr.pdf (28.05.2007)

Niedersächsisches Kultusministerium (Hrsg.) (2000): Sichtwechsel – Wege zur Interkulturellen Schule – ein Handbuch. Hannover. http://nibis.ni.schule.de/nibis.phtml?menid=556 (12.06.2007)

Niedersächsisches Ministerium für Inneres und Sport (Hrsg.) (2003): Handlungsprogramm Integration. Maßnahmen zur Förderung der Integration von Migrantinnen und Migranten. Hannover. http://cdl.niedersachsen.de/blob/images/C3117725_L20.pdf (28.05.2007)

Niedersächsische Ministerkonferenz: Die Arbeit in der Grundschule – Erlass vom 3.2.2004. http://nibis.ni.schule.de/~mk-datei/arbeit-in-der-gs.pdf (30.06.2007)

Niedersächsisches Kultusministerium (Hrsg.) (2006): Kerncurriculum für die Grundschule – Schuljahrgänge 1-4: Sachunterricht. Hannover

Oomen-Welke, I. (Hrsg.) (1994): Brückenschlag. Von anderen lernen – miteinander handeln. Stuttgart: Ernst Klett Schulbuchverlag

Quehl, T./Mecheril, P. (Hrsg.) (2006): Die Macht der Sprachen. Englische Perspektiven auf die mehrsprachige Schule. Münster: Waxmann

Sekretariat der Ständigen Konferenz der Kultusminister der Länder der Bundesrepublik Deutschland (Hrsg.) (2004): Beschlüsse der Kultusministerkonferenz: Bildungsstandards im Fach Deutsch für den Primarbereich (Jahrgangsstufe 4). Bonn. http://www.nibis.de/nli1/gohrgs/bildungsstandards/primar/bs_gs_kmk_deutsch.pdf (30.06.2007)

Silja Peter
SCHULISCHER UMGANG MIT DER ZWEISPRACHIGKEIT AUTOCHTHONER MINDERHEITEN IN KATALONIEN

Einleitung

In Katalonien, einer großen Region mit vier Provinzen im Norden Spaniens, werden die beiden Sprachen Katalanisch und Kastilisch gesprochen. Nachdem viele Jahre die spanische Mehrheitssprache Kastilisch als Amtssprache im Vordergrund stand, wird die sogenannte Minderheitssprache Katalanisch heute zunehmend auch im öffentlichen Leben gebraucht. Die erfolgreiche Sprachenpolitik Kataloniens hat dazu beigetragen, dass sich die katalanische Sprache vor allem im Bildungswesen, aber auch in den Bereichen der öffentlichen Verwaltung und in den Medien, weitgehend durchsetzen konnte. Man könnte diese Tatsache als Erfolg einer Sprachenpolitik interpretieren, die durch die Förderung der Minderheitssprache Katalanisch das Bewusstsein der Gesellschaft hinsichtlich der zweisprachigen Situation ihres Lebensraumes erweitert hat. Dass die gesellschaftliche Zweisprachigkeit und insbesondere der Umgang damit im Schulwesen aber auch Konflikte mit sich bringen kann, soll in folgendem Beitrag dargestellt werden.

Die Sprachenpolitik Kataloniens und ihre Auswirkungen auf das Schulwesen

Das Katalanische gehört zur Familie der romanischen Sprachen und wird heute von etwa 7,3 Millionen Menschen gesprochen (vgl. CAIP o. J., 1). Das Sprachgebiet umfasst auf spanischem Territorium die vier Provinzen Kataloniens, einen großen Teil der autonomen Region Comunitat Valenciana, die Balearischen Inseln (Mallorca, Menorca, Eivissa) und die östlichen Randgebiete Aragons (vgl. Universität Freiburg o. J., 1). In Katalonien sprechen 40,4% der Bevölkerung Katalanisch als Erstsprache. Kastilisch ist die Erstsprache von 53,5% der Bevölkerung über 15 Jahren (vgl. Institut d'Estadística de Catalunya 2003, 27). Während des diktatorischen Regimes Francos war die katalanische Sprache in allen öffentlichen Bereichen und damit auch an den Schulen offiziell streng verboten. Mit der Rückkehr der Demokratie gewann die inzwischen zur Minderheitssprache degradierte Sprache langsam an Bedeutung zurück. 1979 trat das katalanische Autonomiestatut in Kraft und Katalanisch wurde zur offiziellen Landessprache Kataloniens erklärt (vgl. Universität Frankfurt o. J., 1).

Kastilisch und Katalanisch sind heute als Amtssprachen in Katalonien gleichberechtigt. Im Sprachengesetz von 1998 ist die Kooffizialität, und damit das Recht auf den Gebrauch beider Sprachen im öffentlichen und privaten Bereich, ausdrücklich festgelegt (vgl. Generalitat de Catalunya 1998, Art. 3).

Die katalanische Sprache wurde seitens der Regionalregierung Kataloniens in den Folgejahren bis heute vor allem in der Schulpolitik zunehmend und mit Erfolg gefördert. Als obligatorisches Unterrichtsfach wurde Katalanisch erstmals 1978 durch ein Gesetz (*Real Decreto 2092/1978 de 23 de Junio*) in den Lehrplan aller Schulstufen eingeführt. Die Anzahl der Unterrichtsstunden erhöhte sich in den folgenden Jahren durch verschiedene Erlasse sukzessiv. 1982 erhob man für die Sekundarstufe eine Verordnung über den Unterricht von ein bis zwei Schulfächern in katalanischer Sprache (vgl. Sarto Martín 1997, 58f.).

Später konnte zwischen verschiedenen Schultypen gewählt werden, die den Unterricht in katalanischer und kastilischer Sprache jeweils in unterschiedlicher Gewichtung und Methodik durchführten (vgl. ebd., 61f.).[1]

Bemerkenswert ist, dass 1990 56% der Gesamtschülerzahl einsprachig-katalanische Schulen besuchten und 34% Schulen, welche die katalanische Sprache stufenweise in die verschiedenen Unterrichtsfächer einführten. Dies bedeutet, dass sich zu diesem Zeitpunkt bereits 90% aller Schüler Kataloniens für eine Schule entschieden hatten, in welcher Katalanisch die dominante Unterrichtssprache war (vgl. Vila Mendiburu 2001, 33).

Mit dem Sprachengesetz von 1983 (*Llei de Normalització Lingüística a Catalunya*) und vor allem seit dem aktuellen Sprachengesetz von 1998 (*Llei de política lingüística*) ist das Katalanische als Unterrichtssprache bzw. als bevorzugte Verkehrssprache an den Schulen Kataloniens in zunehmendem Maß durchgesetzt worden. An

---

[1] Es gab einsprachig-katalanische (»unilingües catalans«), bilinguale (»bilingües estàtics«, »bilingües evolutius«) und eine geringe Anzahl einsprachig-kastilische Schulen (vgl. auch Vila Mendiburu 2001, 33).

öffentlichen Schulen wird inzwischen ausschließlich auf Katalanisch unterrichtet – bis auf das Fach »Kastilische Sprache und Literatur«, welches an Grundschulen (Klassenstufe 1-6) laut Lehrplan 70 Stunden pro Schuljahr erteilt wird (vgl. Generalitat de Catalunya. Departament d'Educació o. J., *Educació primària*, 1).

Kulturelle und sprachliche Identität

Die Begrifflichkeiten der sprachenpolitischen Gesetzgebung offenbaren einiges über das kulturelle und sprachliche Selbstverständnis der politischen Interessenvertreter Kataloniens.

Das Katalanische wird zur »lengua propia« (*eigene Sprache*) Kataloniens und damit auch zur Sprache des Bildungssystems erklärt. Die »normale« Verkehrssprache während des Unterrichts und bei internen und externen Verwaltungsangelegenheiten aller Bildungseinrichtungen soll die katalanische Sprache sein (vgl. Generalitat de Catalunya 1998, Art. 21.1.).

Über den Begriff »lengua propia« gibt es in Katalonien kontroverse Diskussionen. Laut Sprachengesetz sind sowohl Kastilisch als auch Katalanisch offizielle Sprachen Kataloniens – die »eigene Sprache« ist jedoch Katalanisch, was nicht weiter begründet wird. Dennoch bildet das Konzept der »lengua propia« die Grundlage der aktuellen sprachenpolitischen Gesetzgebung Kataloniens.

So heißt es in Art. 2.1. des Sprachengesetzes von 1998: »Das Katalanische ist die eigene Sprache Kataloniens und zeichnet es somit als einzigartiges Volk aus« (Generalitat de Catalunya 1998, Art. 2.1.).

Dass eine solche Gesetzesgrundlage Konflikte vor allem auch im Schulwesen mit sich bringt, liegt auf der Hand. Vila weist zu Recht auf die Problematik hin, die entstehen kann, wenn man der Gesamtheit einer Bevölkerung ein Sprachverhalten auferlegt, welches allein auf ideologischen Kriterien beruht (vgl. Vila 2000, 74ff.).

Royo Arpón schreibt aus der Perspektive eines Katalanischlehrers:

> Die katalanische Sprache steht für die nationale Identität. Aus diesem Grund sind wir genau genommen keine Sprachlehrer, sondern Lehrer einer Ideologie. (Royo Arpón 2000, 84)

Konfliktfelder

In Katalonien hat jeder Schüler in den ersten beiden Schuljahren der Grundschule das Recht auf die sogenannte »Atención individualizada«, was soviel bedeutet wie »individuelle Betreuung«. Demnach können Schüler den Erstunterricht in ihrer »gewohnten Sprache« (*lengua habitual*)[2], also in Katalanisch oder Kastilisch, erhalten (vgl. Generalitat de Catalunya 1998, Art. 21.2.). Anschließend müssen sie in der Lage sein, dem Unterricht in Katalanisch zu folgen.

Man geht inzwischen allerdings davon aus, dass die meisten Schulanfänger die katalanische Sprache beherrschen, da schon der dreijährige Vorschulunterricht[3], an dem die Mehrheit der Kinder teilnimmt, in dieser Sprache stattfindet (vgl. Generalitat de Catalunya. Departament d'Educació o. J., *Educació infantil*, 1). Ob diese Annahme zutrifft, bleibt fraglich, da im Schnitt etwa die Hälfte aller Kinder im Elternhaus ausschließlich Kastilisch spricht, so dass diese Schüler bei Eintritt in die Grundschule möglicherweise nicht die gleichen sprachlichen Voraussetzungen mitbringen wie diejenigen, die Katalanisch auch zu Hause sprechen.

In der Praxis handelt es sich bei dem im Sprachengesetz von 1998 (*Llei de política lingüística*) festgelegten Recht auf »individuelle Betreuung« nicht um ein explizites Angebot, für welches sich Eltern z. B. bei Anmeldung ihrer Kinder formlos entscheiden können, denn auf dem Anmeldebogen wird seit dem Schuljahr 1998/1999 nach der »gewohnten Sprache« des Kindes nicht mehr gefragt (vgl. Convivencia Cívica Catalana o. J., 2). Um das Recht auf die »individuelle Betreuung« ihres Kindes durchzusetzen, müssen Eltern zunächst einen Antrag an die Schulleitung richten, welcher danach zusammen mit einem Gutachten einschließlich Lösungsvorschlägen an weitere Instanzen zur Prüfung weitergeleitet wird (vgl. Tercero 1999, 4). Das fundamentale Recht eines Schülers, die ersten beiden Schuljahre auf Kastilisch unterrichtet zu werden, wird demnach nicht als allgemeines Recht, sondern als Sonderfall behandelt.

---

[2] Die »gewohnte Sprache« bezieht sich auf die im Alltag normalerweise gebrauchte Sprache. In der aktuellen Diskussion über die Sprachenpolitik in Katalonien differenziert man sehr ausführlich zwischen den Begrifflichkeiten. So sind z. B. in der Statistik zum Sprachgebrauch der katalanischen Bevölkerung Daten über die Kategorien »Erstsprache«, »eigene Sprache« und »gewohnte Sprache« aufgeführt (vgl. Institut d'Estadística de Catalunya 2003, 27).

[3] In Spanien treten die Kinder ab dem dritten Lebensjahr üblicherweise in die Vorschule ein, welche in das staatliche Bildungssystem integriert ist.

Im Schulalltag sieht die »individuelle Betreuung« bestenfalls so aus, dass dem Schüler einige Minuten pro Tag – und dies oft während der Pausenzeit – außerhalb des Klassenverbandes Unterrichtsinhalte, die er möglicherweise zuvor in katalanischer Sprache nicht verstanden hat, nachträglich in Kastilisch erläutert werden (vgl. ebd., 4).

Es ist verständlich, dass diese Art der »individuellen Betreuung« nicht im Sinne des Kindes und deshalb auch nicht der Eltern liegt. Im Schuljahr 1999/2000 haben nur zehn (!) Schüler in ganz Katalonien von ihrem Recht Gebrauch gemacht und den Erstunterricht zusätzlich in kastilischer Sprache erhalten (vgl. Convivencia Cívica Catalana o. J., 4). Wer möchte sein Kind schon in der Rolle eines Sonder- oder gar Problemfalles sehen?

Zweisprachigkeit – eine defizitorientierte Perspektive

Im Jahr 1990 führte das SEDEC (*Servei d'Ensenyament del Català*) in Zusammenarbeit mit der Universität Barcelona eine quantitative Studie über die Sprachkompetenz von Schülern der 6. bis 8. Klasse sowohl in katalanischer als auch in kastilischer Sprache durch (vgl. Vila 1995, 28ff.). Die aus diesen Untersuchungen hervorgehenden Ergebnisse und Schlussfolgerungen spiegeln eine defizitorientierte Einstellung in Bezug auf die Zweisprachigkeit der Schüler Kataloniens wider. Sie scheinen darüber hinaus eine Rechtfertigung für das einsprachige Konzept der katalanischen Schulen zu sein: Die Studien ergaben unter anderem, dass Schüler mit guten Katalanischkenntnissen, die zum Zeitpunkt der Untersuchung eine einsprachig-katalanische Schule besuchten, im Vergleich zu Schülern bilingualer oder einsprachig-kastilischer Schulen sowohl schriftlich als auch mündlich gleiche oder bessere Leistungen nicht nur im Katalanischen, sondern auch im Kastilischen vorwiesen (vgl. ebd., 25ff.).

Vila folgert aus diesen Ergebnissen, dass Schüler mit einer guten Sprachkompetenz im Katalanischen diese auf das Kastilische übertragen könnten, da die kastilische Sprache noch immer in vielen sozialen Lebensbereichen der Kinder gegenwärtig sei.[4] Den Ergebnissen der Untersuchung zufolge funktioniere dies andersherum nicht.

---

[4] Der Autor beruft sich dabei auf die Interdependenzhypothese von Cummis, welche besagt, dass sich gute Erstsprachengrundlagen günstig auf die Zweitsprachenentwicklung auswirken (Cummis 1979, zit. n. ebd., 36).

Vila stellt in diesem Zusammenhang die These auf, dass die Sprachkompetenz im Katalanischen von Faktoren wie der Art und dem Umfang der schulischen Förderung in dieser Sprache abhänge –, dass dagegen die sprachlichen Fähigkeiten im Kastilischen mit der gesellschaftlichen Verankerung dieser Sprache in der Bevölkerung in Zusammenhang stünden (vgl. ebd., 37). Aus diesem Grund plädiert der Autor dafür, die katalanische Sprache der kastilischen im schulischen Curriculum vorzuziehen (vgl. ebd., 43). Vila berücksichtigt in seiner Argumentation allerdings nicht, dass das eigentliche Ziel der aktuellen Sprachenpolitik Kataloniens ist, den Gebrauch der katalanischen Sprache als bevorzugte Sprache auf alle Lebensbereiche und besonders auf die Alltagskommunikation auszuweiten. Sollte sich diese Vorstellung durchsetzen, so wäre die Sprachkompetenz der Schüler in kastilischer Sprache ohne entsprechende schulische Förderung nicht mehr garantiert. Die Argumente Vilas für die Bevorzugung der katalanischen Sprache in den Schulen Kataloniens verlören folglich ihre Rechtfertigung.

Sarto Martín vergleicht in einer quantitativen Studie die Sprachkompetenz in kastilischer Sprache von bilingualen Schülern in Barcelona (Katalonien) und monolingualen Schülern der Stadt Salamanca (Castilla y León).

Die laut der Untersuchung tendenziell besseren Leistungen der monolingualen kastilischsprachigen Schüler aus Salamanca bezeichnet sie als alarmierend. Sie ist der Meinung, dass über den Umgang mit der Zweisprachigkeit an katalanischen Schulen nachgedacht werden müsse: In einer zweisprachigen Gesellschaft sei es schwer, das Gleichgewicht beider Sprachen zu erreichen bzw. zu erhalten. Wichtig sei deshalb, dass vor allem im Schulwesen keine der beiden Sprachen vernachlässigt werde. Bei der Durchführung bilingualer Programme müsse man daher unbedingt sowohl den Sprachstand der Schüler in *beiden* Sprachen als auch die Auswirkungen der sprachlichen Situation auf die Schulleistungen berücksichtigen (vgl. Sarto Martín 1997, 219f.).

Sarto Martín bezieht in ihre Argumentation zwar das Problem des richtigen Umgangs mit der Zweisprachigkeit an katalanischen Schulen ein und möglicherweise konnte sie in ihrer Studie aufzeigen, dass die kastilische Sprache an den Schulen Kataloniens nicht ausreichend gefördert wird. Trotzdem bleibt es fraglich, inwiefern die Sprachkompetenz bilingualer und monolingualer Schüler verglichen werden kann, ohne dabei die spezifischen Bedingungen der Zweisprachigkeit zu berücksichtigen.[5]

---

[5] In den Untersuchungen zur Sprachkompetenz katalanischer Schüler wird davon aus-

Zum Sprachverhalten von Schülern in Katalonien

Die *Comisión de Normalización Lingüística* (Ausschuss der sprachlichen Normalisierung) ermittelte anhand von Lehrerbefragungen an insgesamt 102 Sekundarschulen in Katalonien die Sprachgewohnheiten der Schüler untereinander (vgl. Giralt 2000, 125f.): 50% aller Schulen gaben an, dass die Schüler überwiegend auf Kastilisch miteinander kommunizieren. 33% der Schulen bestätigten, dass die dominierende Sprache unter den Schülern Katalanisch ist und an 18% der Schulen sprechen die Schüler laut Angaben beide Sprachen untereinander. Diese Befragung, welche zwar ausschließlich auf subjektiven Beobachtungen der Lehrer beruht, deutet jedoch bereits an, dass trotz fortschreitender »Katalanisierung« der Schulen ein großer Teil der Schüler außerhalb des Unterrichts Kastilisch spricht – und dies, obwohl zum Zeitpunkt der Befragung an diesen Schulen im Schnitt zu 70% in katalanischer Sprache unterrichtet wurde (vgl. ebd., 129f.).

Folgender Artikel der Tageszeitung *Avui* (24.02.01) mit dem Titel »Ens preocupa« (»Es macht uns Sorgen«) bestätigt die oben genannten Beobachtungen:

> [...] In den Klassenzimmern finden wir eine große [...] Anzahl von Jungen und Mädchen, die sich nicht in katalanischer Sprache ausdrücken. Es handelt sich um Schüler, die schriftliche Sprachkompetenz aufweisen: Sie verstehen katalanische Texte und können sich schriftlich auf Katalanisch äußern, wenn man dies von ihnen verlangt, doch haben sie große Schwierigkeiten sich mündlich auszudrücken. Sie vermeiden den spontanen mündlichen Gebrauch des Katalanischen. Wir sprechen hier von einem neuen sozialen Phänomen: [...] Es sind Personen, die in Katalonien geboren sind, die eine katalanische Schule besuchen und die ihr zukünftiges Leben in Katalonien planen.[...] Wie ist also zu erklären, dass diese jungen Leute außerhalb des Unterrichts [...] nicht die eigene Sprache ihres Landes sprechen? Warum meiden sie bewusst oder unbewusst den Gebrauch der katalanischen Sprache in ihrem sozialen Umfeld? Weshalb gebrauchen sie nicht die Sprache, die sie kennen?[...] (Duran/Miquel 2001, zit. n. Larreula Vidal 2004, 370).

Larreula Vidal bezieht sich auf diesen Artikel und zitiert Joan Triadú: »Wir haben die Schule gewonnen, aber den Schulhof verloren« (vgl. ebd., 370).

Die soziale Realität an den Schulen Kataloniens scheinen die oben genannten

---

gegangen, dass das Beherrschen von zwei Sprachen »mit der vollen in einer Erstsprache erworbenen Kompetenz gleichzusetzen wäre« (zit. n. Bausch 2003, 439).

Autoren in ihrer Argumentation nicht zu berücksichtigen. So sprechen z. B. 75% der Jugendlichen in Mataró, einem Vorort von Barcelona, Kastilisch als Familiensprache (vgl. Royo Arpón 2000, 190).

Auch die Tatsache, dass in den letzten zehn Jahren die Anzahl der Migranten aus anderen Ländern in Katalonien erheblich angestiegen ist, erklärt den bevorzugten Gebrauch des Kastilischen der Schüler untereinander.[6]

In Katalonien gibt man sich offensichtlich nicht mit der heterogenen Situation der Zweisprachigkeit zufrieden. Deutlich wird dies vor allem in der Präambel des Sprachengesetzes von 1998 (*Llei de política lingüística*), in welcher das übergeordnete Ziel aufgeführt wird, die katalanische Sprache als Verkehrssprache in allen Bereichen des alltäglichen Lebens der Bevölkerung durchzusetzen (vgl. Generalitat de Catalunya 1998, 1). Dass dies auf den Schulhöfen der Schulen Kataloniens, die zu einem großen Teil von Schülern kastilischer Familiensprache besucht werden, noch immer nicht gelungen ist, obwohl Katalanisch inzwischen die einzige Unterrichtssprache der Schulen ist, wird immer wieder kritisiert – doch macht es auch deutlich, dass Sprachverhalten nicht allein über sprachenpolitische Maßnahmen beeinflusst und geregelt werden kann.

Zusammenfassung und Ausblick

Durch eine geschickte Sprachenpolitik hat sich die Minderheitssprache Katalanisch in den Schulen und der Verwaltung Kataloniens nicht zur gleichberechtigten Sprache, sondern zur Mehrheitssprache entwickelt. Wie konnte dies geschehen?

In Katalonien wird das Schulwesen vor allem als Mittel für die Durchsetzung sprachenpolitischer Zielsetzungen der autonomen Regierung genutzt, d. h. die Bevölkerung Kataloniens soll zunehmend »katalanisiert« werden.

Es bleibt jedoch fraglich, inwiefern dies legitim ist, wenn man bedenkt, dass

---

[6] Im Schuljahr 1991/1992 hatten 0,8% aller Schüler keine spanische Staatsangehörigkeit und im Schuljahr 2003/2004 waren es bereits 7,2%. Im Schuljahr 2005/2006 stieg der Ausländeranteil auf 10,63%. 44,6 % aller Schüler aus Familien mit Migrationshintergrund kommen aus mittel- und südamerikanischen Ländern (Schuljahr 2005/2006), d. h. die Familiensprache dieser Kinder und Jugendlichen ist meist Kastilisch – alle anderen stammen aus Familien, deren Sprache weder Kastilisch noch Katalanisch ist (vgl. Generalitat de Catalunya 2003, Kap. VI. und 2005, Kap. V.).

es sich um Kinder einer zweisprachigen Gesellschaft handelt, die das Recht auf eine gleichberechtigte Erziehung und Bildung in beiden Sprachen haben. Man nimmt diesen Kindern die Möglichkeit, den Umgang mit der Zweisprachigkeit ihrer Gesellschaft zu lernen, in der sie sich später möglichst konfliktfrei zurechtfinden sollten.

Ein konfliktfreier und gleichberechtigter Umgang mit den Sprachen einer zweisprachigen Gesellschaft kann nur garantiert werden, wenn das Neben- und Miteinander beider Sprachen von der Bevölkerung akzeptiert wird, ohne dass ein Anspruch auf die Bevorzugung der einen oder anderen Sprache besteht. Verbindet man mit dem Konzept *Sprache* Werte wie Identität, sozialer Aufstieg und gesellschaftliche Anerkennung, so erschwert das offizielle Vorgehen den demokratischen Umgang mit der Zweisprachigkeit und gefährdet somit das Bestehen der einen oder der anderen Sprache.

Inwiefern die aktuelle Sprachenpolitik vor allem im Schulwesen in Katalonien so weitergeführt werden kann wie bisher, hängt davon ab, wie lange sich die kastilischsprachige Bevölkerung diese auferlegen lässt. Initiativen seitens der betroffenen Eltern sind eher nicht zu erwarten. Da es um die eigenen Kinder geht, fügt man sich oft – vor allem deshalb, weil allgemein erkannt worden ist, dass das Beherrschen der katalanischen Sprache beruflichen Erfolg und damit sozialen Aufstieg verspricht. Wer möchte seinem Kind dies verwehren?

Literatur

Bausch, K.-R./Christ, H./Krumm, H.-J. (Hrsg.) (2003): Handbuch Fremdsprachenunterricht. Tübingen/Basel: Francke, 4. Auflage

CAIP (o. J.): Katalanisch, Sprache Europas. http://www.caib.es/conselleries/educacio/dgpoling/user/cataleuropa/reduides/tripticalemany.pdf (07.09.2007)

Convivencia Cívica Catalana (o. J.): Una historia de Cataluña. http://www.convivenciacivica.org/sentencia/contenidos.html (31.10.2005)

Generalitat de Catalunya (1998): Llei 1/1998, de 7 de gener, de política lingüística. http://www6.gencat.net/llengcat/legis/lleipl.htm (08.09.2007)

Generalitat de Catalunya (2003): Informe sobre política linguistica 2003.: http://www6.gencat.net/llengcat/informe/cat2003.htm (07.09.2007)

Generalitat de Catalunya (2005): Informe sobre política linguistica 2005. http://www6.gencat.net/llengcat/informe/ (07.09.2007)

Generalitat de Catalunya. Departament d'Educació (o. J.): Educació infantil. http://www.gencat.net/educacio/estudis/frame1.htm (07.09.2007)

Generalitat de Catalunya. Departament d'Educació (o. J.): Educació primària. ADRESSE? (07.09.2007)

Giralt, J./u. a. (2000): El catalán en la enseñanza secundaria. Todavía mucho por hacer. In: Siguan, M. (Hrsg.) (2000): La educación bilingüe. Barcelona: Horsori, 125-130

Institut d'Estadística de Catalunya (2003): Estadística d'usos linguistics a Catalunya 2003. http://www.idescat.net/cat/idescat/publicacions/cataleg/pdfdocs/eulc2003.pdf (07.09.2007)

Larreula Vidal, E. (2004): Dolor de llengua. València/Barcelona: Eliseu Climent

Royo Arpón, J. (2000): Argumentos para el bilingüismo. España: Montesinos

Sarto Martín, M. P. (1997): El bilingüismo. Una aportación a las necesidades educativas lingüísticas. Salamanca: Amarú

Siguan, M. (Hrsg.) (2000): La educación bilingüe. Barcelona: Horsori

Tercero, A. (1999): Enseñanza y libertad. Represión del español en Cataluña. http://www.libertaddigital.com/ilustracion_liberal/articulo.php/56 (07.09.2007)

Universität Frankfurt (o. J): Die Katalanische Sprache und: Sprachführer Katalanisch. http://www.katalanistik.uni-frankfurt.de/Texte_zu_Katalonien/Katalanische_Sprache.html (07.09.2007)

Universität Freiburg (o. J.): Ein paar Worte zum Katalanischen.... http://www.romanistik.uni-freiburg.de/pusch/katalan.htm (07.09.2007)

Vila, I. (1995): El català i el castellà en el sistema educatiu de Catalunya. Barcelona: Horsori

Vila, I. (2000): Perspectivas de futuro de la inmersión lingüística. In: Siguan, M. (Hrsg.) (2000): La educación bilingüe. Barcelona: Horsori, 71-79

Vila Mendiburu, I. (2001): Bilingüisme i educació. Barcelona: Universitat Oberta de Cataluya

Mehmet Canbulat
MULTIKULTURALITÄT AN TÜRKISCHEN SCHULEN

Ich möchte den Christen in der Kirche, den Juden in der Synagoge, den Muselmaenen in der Moschee erkennen. (Sultan Mahmud II. 1876-1839)

In diesem Beitrag geht es um die Auslegung einer multikulturellen Gesellschaft in der Türkei. Als die Republik ausgerufen wurde, setzte man alles daran, die unterschiedlichen Volksgruppen zu integrieren und zu assimilieren, mit dem Ziel, eine homogene Gesellschaft zu schaffen. Multikulturalität ist ein Begriff, der mit den EU-Beitrittsverhandlungen in die Diskussion kam. Dieser Begriff wird kontrovers diskutiert. Die Gegner einer multikulturellen Gesellschaft sind gleichzeitig gegen einen EU-Beitritt und argumentieren damit, dass die Multikulturalität das Land, wie im Beispiel Ex-Jugoslawiens, spalten könnte. Sie empfinden daher die Multikultralität als eine Bedrohung durch den Westen. Die Befürworter dagegen vertreten die Meinung, dass Multikulturalität das gesellschaftliche Zusammenleben unterschiedlicher Volksgruppen positiv beeinflussen und die Demokratisierung der Gesellschaft vorantreiben könnte. Diese angenommene Notwendigkeit eines politischen Konzepts von Multikulturalität ergibt sich jedoch nicht aus einer intensiven Einwanderung, wie wir sie aus Europa kennen. Im Gegensatz zu einigen europäischen Ländern gibt es in der Türkei kaum Migranten. In den letzten Jahren kommen zwar aus Afrika und Nachbarländern der Türkei wie Georgien, Aserbaidschan und Armenien Arbeitsmigranten ins Land, aber ihre Zahl ist verglichen mit den westlichen Industriestaaten sehr gering. Die Türkei ist also kein klassisches Einwanderungsland, sondern vielmehr ein Land, dessen Bürger als Arbeitsemigranten auswandern. Heute leben in Europa über vier bis fünf Millionen Türken, im arabischen Raum über 500.000, in den Turkstaaten über 300.000 und über 100.000 in den Überseeländern wie USA und Australien.

Vor der Migrationswelle ins Ausland erlebte die Türkei Jahrzehnte lang eine Binnenmigration. Zunächst handelte es sich um staatlich organisierte Ansiedelungen von Menschen türkischer Volkszugehörigkeit bzw. muslimischen Glaubens, die in den Kriegsjahren – während und nach dem Zerfall des Osmanischen Reiches – nach Anatolien (re)migrierten. Von 1876 bis 1927 kamen aus dem Balkan, der Schwarzmeerregion und vor allem aus dem Kaukasus ungefähr zwei Millionen muslimisch-türkische Flüchtlinge (Çağaptay 2005, 88). Die kaukasischen Flüchtlinge wurden systematisch im gesamten Reichsgebiet angesiedelt. Dabei achtete die Administration sehr genau darauf, dass die Flüchtlinge in den Regionen, in denen sie untergebracht wurden, nicht die Mehrheit bilden konnten.

Die zweite Migrationsbewegung vollzog sich in erster Linie innerhalb des Gebiets der heutigen türkischen Republik, in Anatolien und Ost-Thrazien, dem europäischen Teil der Türkei. Nach dem Ersten Weltkrieg und dem türkischen Befreiungskrieg gegen die westlichen Siegermächte wurde die Türkische Republik ausgerufen. Die Kriegsfolgeschäden machten sich allerdings in der Anfangszeit der Republik stark bemerkbar, vor allem litt das Land unter einem großen Nahrungsmangel: Alle Resourcen waren während des Krieges verbraucht worden. So zogen Massen von Menschen in den 1930er Jahren in die Großstädte: Istanbul, Izmir Adana und Ankara waren die Zentren, wohin die Menschen in der Hoffnung auf ein besseres Leben auswanderten. Dieser Ansturm auf die Großstädte hält noch heute an.

Historische Multikulturalität

Anatolien war und ist seit Jahrhunderten eine Begegnungsstätte verschiedener Völker, Religionen und Sprachen. Unzählige Zivilisationen haben ihren Ursprung oder Niedergang hier erlebt. Das letzte Imperium auf anatolischem Boden war das Osmanische Reich. 600 Jahre nach seiner Gründung ging das Reich am Ende des Ersten Weltkrieges unter.

Das Osmanische Reich, gegründet um 1299, erstreckte sich von Nordafrika bis nach Asien. Der sogenannte »Orient« (Kleinasien, Naher Osten und Nordafrika), der drei Weltreligionen beheimatete, gehörte ebenfalls zum Reichsgebiet, wie auch ein Teil Europas und Kaukasiens. In den Reichsgrenzen waren mehrere hundert Gruppen verschiedener ethnischer Zugehörigkeit, hunderte von Sprachen und die drei großen Weltreligionen sowie unzählige religiöse Abspaltungen von ihnen vertreten. Die Bewohner des Reiches (nach der damaligen Rechtssprechung »Untertanen«) wurden nicht nach Volkszugehörigkeit, also nach ethnischer Zugehörigkeit und Sprache getrennt, vielmehr war die Religionszugehörigkeit der bestimmende Faktor. Nach Auernheimer (2005) entsprach die Politik des Osmanischen Reiches der »vormodernen Multikulturalität«:

> Das Millet-System, d. h. das System der Nationalitäten des osmanischen Reiches zum Beispiel ermöglichte den christlichen Minderheiten ungehinderte Religionsausübung und bis zu einem gewissen Grad ein kulturelles Eigenleben. (Auernheimer 2005, 9)

Jede Volksgruppe war im gesellschaftlichen Leben unabhängig und wurde durch einen Gesandten in Istanbul vertreten. Das Osmanische Reich gewährte den Angehörigen der unterschiedlichen Religionen und Konfessionen große Freizügigkeiten, aber der Islam hatte dennoch eine bevorzugte Stellung. Mit der Übernahme des Kalifats wurde der Sultan der religiöse Führer aller islamischen Staaten.

Die unterschiedlichen ethnischen Gruppen, Sprachen und Religionen wurden von der Reichsadministration nicht als Bedrohung empfunden. Das Reich verfolgte keine strenge Türkisierungspolitik. In das kulturelle Leben einer Volksgruppe wurde nicht eingegriffen, vielmehr wurden alle Institutionen dieser Kultur wie Religion, Ehe, gesellschaftliche Rituale (Feste und Feiern) akzeptiert und gefördert. Im Gegensatz zu anderen Kolonialmächten konnten die Menschen ihre eigenen Sprachen sprechen und sie in ihren Schulen einsetzen (Hamzaoğlu 2000, 71). Das friedliche Zusammenleben dieser Völker und die friedliche Koexistenz der Religionen wurden angestrebt.

Dieser tolerante Umgang des Reiches mit sprachlich-kultureller Heterogenität zog viele Menschen ins Reich. So kamen etwa die vertriebenen Juden aus Spanien nach Istanbul: Als der spanische König Ferdinand Ende des 15. Jahrhunderts mit einem Ausweisungsedikt alle Juden aus Spanien vertrieb, flohen sie in zahlreiche Länder. Ein Teil dieser Flüchtlinge wurde von der Reichsverwaltung in Istanbul angesiedelt; die Flüchtlinge konnten ihre Religion und Kultur ohne Repressalien ausüben. Auch während der NS-Zeit flohen verfolgte Juden aus Deutschland, darunter auch Wissenschaftler, nach Ankara und Istanbul. Die Zahl der Professoren darunter beziffern Çelebi und Kızılçelik (2002) auf 134. Sie bauten das türkische Hochschulwesen mit auf. Als die Nazis den türkischen Staat aufforderten, die Juden auszuweisen, wurde das abgelehnt.

Da das Osmanische Reich keine Assimilationspolitik verfolgte, wurde bis zum Niedergang des Reiches nach dem Ersten Weltkrieg diese multikulturelle und multiethnische Vielfalt zum Teil aufrechterhalten. Istanbul galt damals wie auch heute als die Stadt, in der Menschen verschiedener religiöser und ethnischer Zugehörigkeit harmonisch zusammenleb(t)en, wenn man von einzelnen Konflikten absieht.

Die französische Revolution und der amerikanische Bürgerkrieg sowie der Druck der westlichen Staaten erhöhten unter den Völkern den Wunsch nach Unabhängigkeit. Der osmanische Staat versuchte, einerseits durch Reformen nach westlichem Vorbild seine Stabilität und sein Fortbestehen zu sichern, andererseits aber auch den Wünschen der westlichen Länder entgegenzukommen, d. h., durch Reformen zur Besserung der Rechtslage der Ausländer und Nichtmuslime sowie mit kulturellen und politischen Zugeständnissen den Niedergang des Reiches zu verhindern. Die Tanzimat-Reform von 1839 versprach allen Staatsbürgern Gleichheit vor dem Gesetz, unabhängig von Religion oder ethnischer Zugehörigkeit (Zürcher 1993, 79). Mit den Islahat-Reformen von 1856 räumte der Staat allen Untertanen weitreichende Rechte ein. Alle Menschen waren ohne Beachtung ihrer Religion und ethnischen Zugehörigkeit von nun an einander gleichgestellt. Auch Nicht-Muslime konnten ihre eigenen Schulen eröffnen. In dieser Periode wurden, auch von Deutschen, zahlreiche Privatschulen eröffnet. Haydaroğlu (1990) bemerkt, dass in den Reichsgrenzen Franzosen, Engländer, Amerikaner, Italiener, Deutsche, Österreicher, Russen, Perser und Bulgaren eigene Schulen errichtet haben. Das osmanische Parlament von 1877 wies nach Ortaylı (2007) eine solche multikulturelle Vielfalt auf, wie sie in dieser Periode in keinem anderen Parlament der Welt gegeben war. Alle ethnischen Gruppen, Sprachen und Religionen waren im Parlament vertreten. Von den 141 Parlamentariern waren 47 Nicht-Muslime.

Der Türkische Nationalstaat

Das multiethnische und multikulturelle Erbe war zwar das Fundament der neu gegründeten türkischen Republik. Allerdings sahen die Gründer der Republik den Grund für den Untergang des Omanischen Reiches gerade in dem multikulturellen und multiethnischen Aufbau des Reiches. So wurde die Lösung in der Gründung eines Nationalstaates gesehen und der Gedanke einer Staatsnation, deren Mitglieder ein und dieselbe Sprache sprechen, wurde als Leitidee der neuen Republik in den Vordergrund gestellt. Gerade weil die Bevölkerung der türkischen Republik multiethnisch zusammengesetzt war, musste das Konstrukt der »türkischen Nation« erst geschaffen und durchgesetzt werden. Das Bekenntnis zur »türkischen Nation« wurde fortan als das die Bevölkerung verbindende Element angesehen, nicht etwa beispielsweise die Religion.

Dieser Nationalgedanke geht von der Unteilbarkeit von Staatsgebiet und Staatsbevölkerung aus. Das Konstrukt vom »Türkentum« basiert also nicht auf ethnischer Herkunft, sondern auf dem Willen, sich als Teil der türkischen Nation zu fühlen. Ziel der neuen Republik war es, diese multiethnische und multireligiöse Gesellschaft in der völkischen Staatsnation Türkei zu assimilieren und zu integrieren. Besonders der Populismusgedanke des Staatsgründers Atatürk basiert auf Gleichheit der Bürger, ohne Ansehen der Volkszugehörigkeit, Sprache und Glauben.

Die politische Geschichte aller modernen Nationalstaaten zeige sich, so Benhabib (1999), grundsätzlich als Übergang »von Konzepten der Gemeinschaftlichkeit, die als Gleichartigkeit verstanden wurde, hin zu Konzepten von Gemeinschaftlichkeit, die als Gleichwertigkeit von Bürgern verstanden wird, die mit bestimmten Rechten ausgestattet sind«. Die Türkei sei derzeit im Übergang zu einer solchen reifen multikulturellen Demokratie. »Bei dieser Entwicklung gibt es freilich keinerlei Automatismus« (vgl. Benhabib 1999).

Die staatliche Version der türkischen Multikulturalität

Es gibt nicht nur die »eine« Multikulturalität – Neubert und andere nennen die folgenden fünf Formen der Multikulturalität: Multikulturalität als Bedrohung, die tolerant-pluralistische Multikulturalität, Multikulturalismus als Chance zur Demokratisierung, der radikal-universalistische Multikulturalismus, der lebenspraktische Multikulturalismus (Neubert/Roht/Yildiz 2002, 20ff.).

Der türkische Nationalstaat hat lange Zeit die Multikulturalität der Bevölkerung als Bedrohung wahrgenommen, aber gleichzeitig wurde diese Tatsache stillschweigend *de facto* hingenommen. Alle Staatsorgane, besonders die Schule, hatten die Aufgabe, die unterschiedlichen Ethnien im Nationalstaat zu assimilieren. Das gesellschaftliche Zusammenleben der verschiedenen ethnischen Gruppen blieb davon unberührt. Viele ethnische Gruppen leben seit Jahrhunderten zusammen. Diese Art des lebenspraktischen Multikulturalismus hat dazu geführt, dass zwischen den Angehörigen der verschiedenen ethnischen Gruppen Ehen geschlossen wurden und eine weitgehende gegenseitige Akzeptanz entstanden ist. An dieser Realität des Zusammenlebens hat sich auch heute nicht viel geändert. Trotz der separatistischen Bewegungen leben in den türkischen Städten und auch in Deutschland beispielweise Türken und Kurden eng zusammen.

Multikulturalität in türkischen Schulen

Wie in Frankreich ist in der Türkei die Schule die »Hauptagentur« für die Bildung der Staatsbürger. Die Aufgabe der Schule war und ist es, die Kinder aus der partikularen Wertorientierung der Elternhäuser herauszulösen und zu Türken zu bilden (Roth 2002, 101). In dem zentralistisch organisierten Schulsystem werden in allen Schulen – außer den Minderheitenschulen in Istanbul – die gleichen Curricula angewendet. In der Lehrerausbildung gibt es weder Seminare über interkulturelle Pädagogik noch über Multikulturalität.

Das wesentlichste Merkmal der türkischen Bildungs- und Erziehungspolitik ist ihre kollektivistisch-patriotische Orientierung. Im § 2 des Gesetzes für nationale Erziehung werden die allgemeinen Ziele der nationalen Bildungs- und Erziehungspolitik wie folgt beschrieben:[1]

Junge Menschen sollen

- Treue zu den Atatürkschen Reformen und Prinzipien sowie dem Atatürkschen Patriotismus an den Tag legen;
- die ethischen, humanistischen, ideellen und kulturellen Werte der türkischen Nation annehmen, schützen und weiter entwickeln;
- die Familie, das Vaterland und die Nation lieben und immer Anstrengungen zu ihrem Nutzen unternehmen;
- ihre Pflicht gegenüber der Republik Türkei kennen und dieses Verantwortungsbewusstsein zur Grundlage ihrer Lebensweise machen.

Türkisch ist die einzige Unterrichtssprache in allen Schularten. Die Aufgabe der Schule ist es, die türkische Sprache zu verbreiten, womit sie die erste Assimilationsinstanz des Staates ist. Andere Sprachen wie Englisch, Deutsch, Französisch und andere werden als Fremdsprachen oder in Privatschulen teilweise als Unterrichtssprache im Sinne einer Fremdsprache angeboten. Außer der türkischen

---

[1] übersetzt von Mehmet Canbulat

Sprache kann also keine andere Sprache als Schulsprache angewendet werden. Jeder Bürger sollte über die türkische Sprache eine Chancengleichheit erhalten. Die Sprachen der ethnischen Minderheiten des Landes werden nicht gefördert, aber neuerdings können ethnische Gruppen Sprachkurse eröffnen.

Multikulturalität in der Gesellschaft

Istanbul ragt als die türkische multikulturelle Stadt hervor. Hier leben fast 15 Millionen Menschen. Alle ethnischen Gruppen der Türkei sind in Istanbul vertreten. Türken, Griechen, Armenier, Kurden und andere Minderheiten leben und arbeiten hier. Es gibt Schulen für Minderheiten, Kirchen und Synagogen. Neben Istanbul sind Mardin und Hatay weitere türkische Städte, wo mehrere unterschiedliche ethnische und religiöse Gruppen zusammenleben. Im Folgenden gebe ich einen Einblick in das Zusammenleben dieser unterschiedlichen Gruppen in der Stadt Hatay.

In Hatay – an der syrischen Grenze gelegen – leben Türken, Araber und Armenier seit Jahrhunderten – von kleinen Zwischenfällen abgesehen – friedlich zusammen. Die drei großen Weltreligionen sind in dieser Stadt vertreten. Die arabische Volksgruppe besteht in konfessioneller Hinsicht aus Sunniten, Aleviten und Christen. Die Armenier sind Christen, die Kurden Sunniten und Aleviten. Auch unter den Türken gibt es Sunniten und Aleviten.

In einer Schulklasse in Hatay sitzen Kinder bzw. Schüler all dieser ethnischen und religiösen Gruppen zusammen. Es gibt aber auch Schulen in Hatay, in denen türkische Schüler in der Unterzahl sind. In den Grundschulen spielen diese Differenzen nach Schülerangaben (Recherchen von Studierenden aus der Region) keine große Rolle. Erst in der Ortaokul (Mittelschule) und dem Lise (Gymnasium) fangen die Schüler an, ihre ethnischen Identitäten zu entdecken, was zu Konflikten zwischen den unterschiedlichen Ethnien und Konfessionen führen kann.

Obwohl die Lehrer keine spezielle Ausbildung erhalten, gaben sie Studierenden gegenüber in informellen Gesprächen an, dass sie darauf achten, was sie in der Klasse sagen, so dass sich niemand diskriminiert fühlt. Auch außerhalb der staatlichen Institutionen herrscht in der Stadt Toleranz und Anerkennung. Araber, Kurden und Türken, die der sunnitischen Konfession angehören, feiern die gleichen religiösen Feste, ein arabischer Christ jedoch nicht. Man kann sagen, dass in Hatay nicht die ethnische Zugehörigkeit, sondern die religiöse Konfession, die Menschen miteinander verbindet oder voneinander trennt. Innerhalb dieser religiösen Gruppen werden Ehen geschlossen; Eheschließungen zwischen unterschiedlichen religiösen Gruppen werden nicht toleriert. Zwar gibt es auch Beispiele, wo ein junger Sunnite eine Christin oder Alevitin heiratet, aber umgekehrt wird eine solche Ehe nicht geduldet. Nationale Feiertage werden von allen ethnischen Gruppen zusammen gefeiert. Im Handel verschwinden jegliche Schranken.

Folklore als öffentlich gelebtes Moment von Multikulturaltät

Auch wenn das türkische Schulsystem auf homogene Bildung ausgerichtet ist, findet die multikulturelle Gesellschaft durch die Folklore und Musik Akzeptanz und Ausdruck in der Schule. Viele Schulen haben Folkloregruppen, die unterschiedliche regional-ethnische Tänze in ihr Repertoire aufnehmen. Tänze der Lazen, Kurden, Tscherkesen und anderer ethnischer Gruppen werden mit großer Begeisterung dargestellt.

Die multikulturelle Vielfalt des Landes wird besonders im musikalischen Bereich voll ausgelebt. Heute kann man überall in der Türkei Musik in kurdischer, armenischer und arabischer sowie in griechischer Sprache hören. Es gibt neuerdings auch Musikgruppen, die in lasischer Sprache Popmusik machen, einer Sprache, die am schwarzen Meer gesprochen wird. Berühmte Sänger nehmen kurdische und lasische Musikstücke in ihr Repertoire auf.

Neben dem Staatssender TRT mit seinen fünf Kanälen gibt es über 20 überregionale und 200 regionale Fernsehkanäle in der Türkei, die über Satellit überall empfangen werden können. Fernsehserien, die die multikulturelle Vielfalt des Landes als Thema behandeln, finden ein breites Publikum. Die Zahl derartiger Sendungen hat besonders nach der Unterzeichnung der Kopenhagener Kriterien zugenommen.

Der dritte Kanal des TRT und Radio 1 senden jeden Tag eine halbe Stunde unter dem Titel »Unsere kulturelle Vielfalt/unser kultureller Reichtum« (Kültürel Zenginliğimiz) Programme in den Minderheitensprachen und -dialekten. Die Programme werden in kurdischen Sprachen wie Kurmandschi, Zaza, Bosnisch, Arabisch und Tscherkesssich ausgestrahlt und richten sich an erwachsene Zuhörer. Ziel der Sendungen ist es, den Menschen in ihrer Muttersprache Nachrichten aus den Regionen und aus der gesamten Türkei zu übermitteln. Bosnische Türken und Tscherkesen lehnen die Teilnahme an diesen Programmen ab, weil sie sich nicht als ethnische Minderheit definieren. Auch wenn die Programme inhaltlich nicht auf große Begeisterung stoßen, werden sie als Zeichen des politischen Wandels verstanden.

Zusammenfassung

Die Türkei hat jahrzehntelang versucht, aus dem multikulturellen Erbe des Osmanischen Reiches einen Nationalstaat zu etablieren. Die Nichtanerkennung der nichttürkischen Kulturen und Sprachen wurde stillschweigend hingenommen. Die Betonung der ethnischen Vielfalt wurde als Konfliktpotenzial angesehen. Die durch die Zivilgesellschaft in die Wege geleiteten Demokratisierungsprozesse haben mehrere Male durch Militärputsche Rückschläge erlitten.

Erst mit der liberalen Politik des einstigen türkischen Ministerpräsidenten Turgut Özal fing man an, über die kulturellen Unterschiede, Ethnien und deren Sprachen zu diskutieren. Heute werden unzählige politische Tabus öffentlich gebrochen und diejenigen, die den Demokratisierungsprozess umkehren wollen, sind in der Defensive. Auf allen Ebenen wird der Wunsch nach mehr Demokratie, Meinungsfreiheit und für eine Zivilgesellschaft offenkundig diskutiert. Dieser Trend ist unaufhaltbar im Gange.

Literatur

Auernheimer, G. (2005): Einführung in die Interkulturelle Paedagogik. Darmstadt: WBG

Benhabib, S. (1999): Kulturelle Vielfalt und demokratische Gleichheit. Politische Partizipation im Zeitalter der Globalisierung. Franfurt a. M.: Horkheimer Vorlesungen

Çağaptay, S. (2005): Modern Türkiye'de Göç ve Din. In: Gülalp, H.: Vatandaşlık ve Etnik Çatışma. Istanbul: Metis

Çelebi, N./Kızılçelik, S. (2002): İstanbul'da bir Alman Profesör: Gerhard Kessler. Journal of Sociological Research. 5 (2), 105-125

Ensaroğlu, Y. (2001): Modernleşme Sürecinde Çok kültürlülük. İstanbul: İletişim Yayınları

Hamzaoğlu, Y. (2000): Balkan Türklüğü. Araştırmalar. Ankara: Kültür Bakanlığı

Haydaroğlu, P. (1990): Osmanlı İmparatorluğunda Yabancı Okullar. Istanbul: Kültür Bakanlığı

Neubert, S./Roht, H. J./Yildiz, E. (2002): Multikulturalitaet in der Diskussion. Opladen: Leske + Budrich

Ortaylı, İ. (2007): Batılılaşma Yolunda. Istanbul: Merkez Kitapçılık

Roth, H. J. (2002):. Islamische Bildung: Standpunkte und Konsequenzen im Hinblick auf institutionelle Rahmenbedingungen. In: Bukow, W.-D./Yildiz, E. Islam und Bildung. Interkulturelle Studien, 15, Opladen: Leske + Budrich, 135-156

Zürcher, E. J. (1993): Moderleşen Türkiye'nin Tarihi. Istanbul: İletişim yayınları

Olga Frik

ETHNOKULTURELLE SCHULEN
IN DER RUSSISCHEN HAUPTSTADT

In diesem Beitrag wird das Modell der ethnokulturellen Schulen in Moskau dargestellt, das zur Unterstützung kultureller Vielfalt an den Schulen Anfang der 1990er Jahre entwickelt und umgesetzt wurde.

Bis zu 100.000 Kinder mit Migrationshintergrund besuchen momentan nach statistischen Angaben Moskauer Schulen, das ist ein Achtel aller Schüler in der Hauptstadt Russlands. Für viele Kinder ist Russisch eine Zweitsprache. Auch in jeder anderen Großstadt Russlands gibt es viele Kinder mit Migrationshintergrund, so z. B. fast die Hälfte aller Schulanfänger in Sankt Petersburg im Jahr 2006 (vgl. Sedov 2006). Schon heute gibt es Schulen in Moskau, in denen bis zur Hälfte der Schülerschaft einen Migrationshintergrund hat, russischen Soziologen zufolge wird Russisch im Jahr 2010 die Zweitsprache für jedes zweite Kind in Moskau sein (vgl. Ryabzev 2005). So kann schon heute von einer multikulturellen und multiethnischen sowie mehrsprachigen Schülerschaft an russischen Schulen die Rede sein.

Die meisten Kinder kommen zusammen mit ihren Eltern aus den Nachfolgestaaten der ehemaligen UdSSR, die Mehrheit von ihnen besitzt die Pässe ihrer Herkunftsländer. Viele Familien sind zwecks Arbeitsaufnahme nach dem Zusammenbruch der UdSSR und der dramatischen Verschlechterung der wirtschaftlichen Situation in ihren Herkunftsgebieten nach Moskau gekommen, d. h., sie leben dort erst seit einigen Jahren oder Monaten. Die Arbeitslosenquote in Moskau liegt momentan bei nur 0,5% (vgl. www.riag.ru), die wirtschaftliche Situation der Familien ist hier viel besser als in den Herkunftsgebieten.

Die meisten arbeitsfähigen Familienmitglieder aus dieser Migrantengruppe sind in den unteren Segmenten des Arbeitsmarktes tätig: z. B. als ungelernte Baukräfte, Reinigungskräfte, Verkäufer auf den Märkten. Die meisten Familien wohnen zur Miete in günstigen Wohnungen am Stadtrand oder in den Vororten Moskaus, in denen die Schulen einen hohen Migrantenanteil aufweisen. Es gibt heutzutage drei Gruppen von Migranten in Russland (vgl. Kotov 2007):

Zur ersten Gruppe gehören diejenigen, die Russland bewusst als das Land ihres ständigen Wohnsitzes gewählt haben, zur zweiten Gruppe gehören Migranten, die sich hier vorübergehend aufhalten und dann erneut migrieren – in die europäischen Länder, in die USA oder nach Asien, und zur dritten Gruppe gehören Migranten, die in Russland Geld verdienen und irgendwann zurückgehen wollen. Diese Gruppen unterscheiden sich untereinander insbesondere in der Motivation, sich den Verhältnissen des Aufnahmelandes anzupassen.

Schulsystem in Russland

An dieser Stelle ist es angebracht, einige allgemeine Informationen über das Schulsystem in Russland anzuführen. Es besteht eine allgemeine Schulpflicht, die seit 2007 elf Schuljahre umfasst. Mit sechs bis sieben Jahren gehen die Kinder in die Grundschule, danach bleibt man in der Regel in derselben Schule und auch in derselben Klasse. Dominierender Schultyp ist die allgemeinbildende Mittelschule. Es gibt im Schulbildungssystem keine Untergliederung in Gymnasium, Realschule und Hauptschule. Manche Schulen nennen sich Gymnasium, aber letztlich unterrichten sie auch das gemeinsame Schulprogramm, nur mit dem Unterschied, dass einzelne Fächer besonders intensiv gelehrt werden. Früher mussten Schüler Abschlussprüfungen in den Schulen und Aufnahmeprüfungen an den berufsbildenden Einrichtungen (vor allem Universitäten) ablegen. Zurzeit ist festgelegt, dass statt dieser Prüfungen eine zentrale Prüfung stattfinden soll, und zwar in zwei bis drei Fächern, die für alle Pflicht sind, und in zwei bis drei Wahlfächern, die sich auf die jeweiligen Profile beziehen. Die Ergebnisse dieser Prüfungen werden im Abschlusszeugnis festgehalten, das als Zugangsberechtigung zum Hochschulstudium gilt (vgl. Rakhkochkine 2003, 29).

Schüler mit Migrationshintergrund an russischen Schulen

Viele Schüler mit Migrationshintergrund haben unzureichende Russischkenntnisse und sind durch eine vergleichsweise schlechtere Schulbildung in ihren Herkunftsregionen ein bis zwei Schuljahre in anderen Unterrichtsfächern (neben dem Russischunterricht) hinter ihren neuen Mitschülern zurückgeblieben (vgl. Sedov 2006). Viele Schüler hatten wegen des häufigen Wohnortwechsels der Familie keine Möglichkeit, in einer normalen, stabilen Situation zu lernen. Viele Lehrer haben den Eindruck, einige Eltern hätten kein Interesse daran, dass ihre Kinder Russisch lernen, denn es wird zu Hause nur die jeweilige Herkunftssprache gesprochen. So werden manche Unterrichtsstunden in der Schule zum reinen russischen Sprachunterricht.

Die Kinder aus Migrantenfamilien ohne russische Staatsbürgerschaft haben nach russischem Bildungsgesetz das gleiche Recht auf Bildung wie russische Staatsangehörige (vgl. Sedov 2006). Sie können eine allgemeinbildende Mittelschule besuchen oder eine ebenso allgemeinbildende Schule mit ethnokultureller Komponente (»ethnokulturelle Schule«).

Es gibt in Moskau insgesamt 74 ethnokulturelle Bildungseinrichtungen (Kindergärten, allgemeinbildende Mittelschulen, Berufsschulen). Die Gesamtanzahl der Schulen beträgt 1.500. Die Einrichtung von ethnokulturellen Schulen war eine gesellschaftliche Initiative von Hauptstädtern. Solche Bildungsstrukturen entstanden bereits 1988, als der russisch-georgische Kindergarten eröffnet und Unterricht für armenische Erdbebenopfer eingerichtet wurde. Die erste ethnokulturelle Schule wurde 1991 eröffnet. Der Form nach geht diese Renaissance ethnokultureller Bildung auf die Nationalitätenschulen zurück, wie es sie bereits früher in Russland gegeben hatte. Den Inhalten nach wurden sie jedoch zur Grundlage eines völlig neuen Subsystems im Bildungswesen. Während die Nationalschulen in kompakten Siedlungsgebieten mit jeweils einer dominanten ethnischen Gruppe bestanden, so sollen die ethnokulturellen Schulen jetzt die Bedürfnisse in den multikulturell geprägten Städten Russlands befriedigen.

Es handelt sich bei diesen Bildungseinrichtungen um staatliche Schulen, in denen Russisch die Unterrichtssprache ist. Insgesamt lernen die Schüler drei Sprachen: Russisch, eine Fremdsprache (z. B. Englisch) und ihre Herkunftssprache. Die Schüler können an solchen Schulen ihre Herkunftssprache und -kultur erlernen. Die kulturspezifischen Fächer entsprechen etwa einem Viertel des Stundenplanes, d. h. zwei bis sechs Unterrichtsstunden pro Woche nach dem Basisunterricht (jede Schule hat nach dem russischen Bildungsgesetz die Möglichkeit, über den Inhalt eines Viertels des Stundenplans autonom zu entscheiden). Die Ethnokultur und nationale Literatur bilden einen Teil des Lehrplans. Geschichte und Geografie verschiedener Völker sind in der Regel entweder in den Basiskursen integriert oder werden als selbstständige Kurse unterrichtet.

Es gibt z. B. georgische, armenische, aserbaidschanische, litauische, polnische, ukrainische, jüdische, tatarische, türkische, koreanische, deutsche und chinesische ethnokulturellen Schulen. Darunter sind sowohl monokulturelle (z. B. polnische) als auch polykulturelle Schulen (z. B. chinesische und koreanische). Es gibt 14 Schulen, wo russische Kultur die ethnokulturelle Komponente bildet. Russische Schüler können eine ethnokulturelle Schule auch besuchen, wenn ihre Erziehungsberechtigten möchten, dass sie Kultur, Sprache und Traditionen des jeweiligen Volkes näher kennenlernen.

Die ethnokulturellen Schulen sind nicht alle gleich strukturiert, sondern sie unterscheiden sich in der Zusammensetzung der Schülerschaft sowie im Grad der Umsetzung der ethnokulturellen Programme. In einigen Schulen sind die meisten Kinder russischsprachige Schüler (z. B. in den chinesischen oder koreanischen Schulen), diese Schulen stehen den Schulen mit erweitertem Fremdsprachenunterricht sehr nah. Dies ist dadurch zu erklären, dass die in Moskau lebenden Chinesen und Koreaner aufgrund historisch bedingter Traditionen meistens russischsprachig sind. Sie bilden die Hälfte der Schülerschaft in der koreanischen Schule, es gibt zahlenmäßig etwas weniger Koreaner da; etwa 8% der Schüler sind Vertreter 50 anderer Nationalitäten. Russische und koreanische Traditionen werden hier im Vergleich zueinander erlernt, es werden auch Kulturen anderer Völker behandelt.

Die Ziele der ethnokulturellen Schulen sind Folgende (vgl. Novikova 2005): 1. es den Kindern mit Migrationshintergrund zu ermöglichen, ihre Herkunftskultur, Sprache und Traditionen zu erlernen, sowie 2. zu Respekt und Toleranz gegenüber anderen Kulturen zu erziehen.

Zur Klientel der ethnokulturellen Bildungseinrichtungen gehören traditionell die alteingesessenen Angehörigen der ethnischen Minderheiten. Darüber hinaus gibt es aber die wichtige und für Schulen in Russland relativ neue Herausforderung der Integration von Migranten. In einigen Moskauer Schulen wird bereits intensiv daran gearbeitet, zugewanderte Schüler auf dem Weg der Integration zu fördern.

Nach dem Abschluss der ethnokulturellen Schule bekommen die Absolventen ein russisches Reifezeugnis (*attestat zrelosti*), an einigen Schulen ist es außerdem möglich, das Reifezeugnis auch in der entsprechenden Herkunftssprache zu bekommen. So ein Reifezeugnis ist auch in dem jeweiligen Herkunftsland gültig (z. B. ein Zeugnis der litauischen ethnokulturellen Schule in Litauen).

Die Schulen setzen sich nicht zum Ziel, die Sprachkenntnisse der Schüler zum Niveau eines Muttersprachlers zu entwickeln, wichtig ist die Kommunikationsfähigkeit in der jeweiligen Sprache. Heutzutage entscheiden die Schulen selbst über die Programme des herkunftssprachlichen Unterrichts. So gibt es z. B. in der litauischen Schule drei Stufen des Sprachunterrichts: Litauisch für Anfänger, für Fortgeschrittene und für Schüler, die in der Familie Litauisch sprechen.

Alle Schulen haben prinzipiell einen weltlichen Charakter. Die Schüler lernen kulturwissenschaftliche Grundlagen einer Religion kennen, die für das bessere Verständnis der jeweiligen Kultur von Bedeutung sind. Darüber hinaus gibt es nachmittags an einigen Schulen die Möglichkeit, fakultativ über die eine oder die andere Religion mehr zu erfahren, so wie es auch andere fakultative Nachmittagsangebote gibt: Z. B. können Schüler einer Schule mit russisch-ethnokultureller Komponente nachmittags Heiligenmalerei lernen. Den Kindern wird beigebracht, wie traditionelles Spielzeug hergestellt wird, wie die alten Lieder gesungen werden und wie auf fast schon vergessenen Musikinstrumenten gespielt wird. Es gibt Tanz- und Gesangskurse. In der koreanischen Schule wird insbesondere die Teezeremonie fakultativ erlernt. Diese Beispiele machen deutlich, dass unter Kultur vor allem Elemente einer überlieferten (nationalstaatlich-) offiziellen Hochkultur verstanden werden.

Zum Erfolg der ethnokulturellen Bildungseinrichtungen hat wesentlich der Umstand beigetragen, dass dort hochqualifizierte Lehrkräfte arbeiten, die sich mit Begeisterung ihrer Arbeit widmen. Dadurch ist das Bildungsniveau in vielen dieser Schulen höher als in den üblichen Schulen. Die Schüler müssen einen Aufnahmetest bestehen und die Klassen sind vergleichsweise kleiner als in den üblichen Schulen. Die Lehrpläne von ethnokulturellen Schulen sollen die Schüler – wie beschrieben – an Traditionen und die ethischen Werte der eigenen Herkunftskultur heranführen, woraus sich ein ausgesprochener geisteswissenschaftlicher Schwerpunkt ergibt.

Die ethnokulturellen Schulen genießen eine hohe Beliebtheit in der Stadt. In einem Zeitungsartikel über die ethnokulturellen Schulen Moskaus merkt die Autorin Svetlana Kuljabina an (vgl. Kuljabina 2004), dass die Bildungsqualität in den Schulen hoch ist: Z. B. hatten 100% der Absolventen der Schule Nr. 1086 mit koreanisch-ethnokultureller Komponente ihre Aufnahmeprüfungen an Moskauer Hochschulen und Universitäten erfolgreich bestanden und wurden aufgenommen. Nach Meinung einiger russischer Pädagogen stellt das Modell der ethnokulturellen Schulen eine erfolgreiche Bildungsinstitution dar, die die kulturelle Vielfalt unterstützt. In einer ethnokulturellen Schule sind unter anderem Weiterbildungsangebote für Lehrer sehr wichtig. In der Schule mit koreanisch-ethnokultureller Komponente in Moskau gibt es 60 Lehrer, 21 von ihnen sind Koreaner. Sie nehmen regelmäßig an Fortbildungen in Seoul (Südkorea) teil.

Diskussion, Alternativlösungen und Zukunftspläne

Es gibt Diskussions- und Kritikbeiträge in den russischen Medien bezüglich der aktuellen Situation und den Entwicklungen an den ethnokulturellen Schulen, in denen nicht nur positive Aspekte thematisiert werden. Laut Elena Novikova (2005), die einen Artikel über das Bildungsmodell der ethnokulturellen Schulen in der russischen Wochenzeitung »Kultura« veröffentlichte, gibt es typische Probleme in diesen Schulen. Ein großes Problem ist mit russischem Sprachunterricht verbunden, denn es gibt einen Mangel an qualifizierten Russischlehrern an den Schulen. An manchen Schulen unterrichten Lehrer die russische Sprache, die selbst keine russischen Muttersprachler sind und dafür nicht entsprechend qualifiziert sind. In einer schwierigen Lage befinden sich auch die Lehrer der ethnokulturellen Fächer: Sie tragen die Verantwortung für die Versorgung der Schülerschaft mit Fachbüchern. So sind manche Lehrer gezwungen, die Fachliteratur aus anderen Ländern selbst zu holen bzw. die Lieferung zu organisieren, was eine zusätzliche Belastung bedeutet. Außerdem müssen die Lehrer selbstständig eigene Lehrprogramme in ihren Fächern für die Schulen entwickeln.

Elena Novikova berichtet außerdem über die sogenannte »Abkapselung der Schüler in einem monokulturellen Raum«, wie dieses Phänomen von Psychologen genannt wird. Sie meint, dass dieses Problem schwieriger zu lösen sei als z. B. ein mangelhafter Russischunterricht, der durch zusätzliche Unterrichtsstunden mit einer qualifizierten Lehrkraft verbessert werden könne. Novikova ist der Meinung, dass eine gefährliche Tendenz in mononationalen ethnokulturellen Schulen vorhanden ist: Die Schüler hören allmählich auf, Russisch zu sprechen und sprechen ausschließlich ihre Herkunftssprache. Dieser Übergang findet umso häufiger statt, wenn auch in der Familie nur die Herkunftssprache gesprochen wird. In diesen Fällen verliert die Grundidee der ethnokulturellen Schulen als Bildungseinrichtungen, die verschiedenen Kulturen zu integrieren, ihren Sinn. Die Folgen kann man nicht voraussagen. Die Kinder können laut Psychologen Probleme wie Minderwertigkeitskomplexe oder fremdenfeindliche Einstellungen entwickeln. Es könne sein, dass in der Folge ein Konflikt kulturspezifischer Normen im individuellen Bewusstsein der Schüler entstehe.

Sergej Kotov merkt in seinem Beitrag »Die Erfahrung der Gründung einer ethnokulturellen Schule: einige Ergebnisse und Perspektiven« (Kotov 2007) an, dass enorme Anstrengungen der Lehrkräfte für die Bewältigung der »Abkapselung der Schüler in einem monokulturellen Raum« notwendig seien. Dabei seien diese Anstrengungen in der Realität nicht immer erfolgreich. Ein wichtiger Faktor, der die Harmonisierung der zwischenethnischen Verhältnisse in den Schulen verhindert, ist die Art und Weise, wie sich die Eltern der Schüler verhalten. Laut Kotov sind sie in vielen Fällen gegen Lehrer eingestellt, die nicht ihrer Nationalität angehören, und haben nicht den Wunsch, sich selbst an die neue soziokulturelle Situation im Aufnahmeland anzupassen. Ähnliche Probleme trifft man mit wenigen Ausnahmen fast an allen ethnokulturellen Schulen. Es kam deswegen zu Konfliktsituationen an einigen Moskauer Schulen.

Als Reaktion auf diese Konflikte wurden alternative Wege zur Unterstützung der Interkulturalität an den Schulen vorgeschlagen. Eine der bekanntesten Sichtweisen vertritt Dr. Mirikhanov in einem Interview für die regionale Zeitung »Imam«, die in der russischen Stadt Wologda für die tatarische Diaspora herausgegeben wird. Laut Mirikhanov ist das Model der ethnokulturellen Schulen nicht schlecht. Doch laut Statistik z. B. leben ca. 70 bis 80 Vertreter verschiedener Nationalitäten in einer vergleichsweise kleinen Siedlung, wo es nur fünf bis sechs Schulen gibt. D. h., nicht alle Einwohner dieses Ortes können »ihre« ethnokulturelle Schule besuchen, denn so viele Schulen kann es dort gar nicht geben. Er schlägt vor, Schulen nach Sprachgruppen zu gründen: z. B. finnisch-ugrische, türkische etc. Auf diese Weise könne das Problem der Unterstützung des Erlernens von verschiedenen Sprachen und Kulturen an Schulen in ganz Russland gelöst werden. Dieses Modell wurde in zwei Moskauer Schulen verwirklicht, dort lernen tatarische, baschkirische, kasachische, usbekische und aserbaidschanische Kinder gemeinsam. Aber auch diese Idee trifft auf Kritik. Sergej Kotov merkt an (ebd.), dass es eine jahrhundertelange Tradition in Russland gibt, nach der Kinder verschiedener Nationalitäten eine einheitliche Schule gemeinsam besuchten. Er fragt, ob eine Trennung der Kinder, die unterschiedliche ethnokulturellen Schulen besuchen, schließlich zu einem friedlichen Miteinander in der Gesellschaft Russlands beitragen wird. Nicht unwichtig erscheint in dieser Hinsicht auch die rein organisatorische Frage, inwieweit eine ethnokulturelle Schule in einem Dorf umsetzbar ist, in dem Vertreter verschiedener Nationalitäten wohnen und in dem es nur eine einzige Schule gibt.

Außer der ethnokulturellen Schule gibt es andere Modelle, die erfolgreich umgesetzt werden. Das sind z. B. Förderklassen für Migrantenkinder, oder »Null-Klassen« genannt, die im Jahre 2000 im südlichen Stadtteil Moskaus eröffnet wurden. Diese Klassen werden von Kindern im Alter von sechseinhalb bis acht Jahren besucht, die auf die Einschulung in die normalen allgemeinbildenden Schulen vorbereitet werden. Später wurden ähnliche Klassen für Neun- bis Zwölfjährige gegründet. Außer »Russisch als Zweitsprache« lernen die Kinder hier intensiv auch andere Fächer, z. B. Mathematik. Das ist aktuell, denn viele Kinder sind bei der Aufnahme – wie oben erwähnt – »zurückgeblieben« bezüglich des »mitgebrachten« Bildungsstandes im Vergleich zu ihren Mitschülern.

Für die Zukunft sind in Moskau unter anderem die sogenannten »Schulen der russischen Sprache für Migranten« geplant. Diese sollen an staatlichen allgemeinbildenden Mittelschulen angesiedelt werden. Der Kurs soll an diesen Schulen ein Jahr dauern. Am Anfang sollte es einen Einstufungstest für die Teilnehmer geben. Nach dieser Schule können die Absolventen eine allgemeinbildende Schule besuchen. Dies wäre offensichtlich eine Lösung für den Erwerb des Russischen für Kinder mit Migrationshintergrund, aber die Teilnahme an diesem Programm ist nicht obligatorisch. D. h., wenn die Eltern es nicht wünschen, besucht ihr Kind den Vorbereitungskurs nicht und wird dann erhebliche Schwierigkeiten mit dem Russischen in einer normalen Schule ohne entsprechende Vorbereitung haben. Dies kann insbesondere die Kurzzeitmigranten betreffen, die nicht beabsichtigen, auf Dauer in Russland zu leben. Es ist außerdem vorgesehen, dass erwachsene Migranten diese Schulen auch besuchen dürfen, wenn sie ihre Russischsprachkenntnisse verbessern wollen. Bildungspolitisch gesehen ist inzwischen eine Tendenz weg von einer ethnokulturellen Absonderung und hin zu einer verstärkten Ausrichtung auf interkulturelle Bildung in Russland zu verzeichnen. Dabei wird weniger die Idee einer nach Kulturunterschieden gesonderten Bildung für bestimmte Schülergruppen als vielmehr der Gedanke einer »Bildung mit Kulturvariablen« vertreten. Die Aufmerksamkeit richtet sich mehr auf die Vermittlung der Traditionen verschiedener Völker und die Aneignung von Fähigkeiten im kooperativen Umgang mit Vertretern verschiedenen Kulturen. In den meisten Schulen gibt es Kinder unterschiedlicher ethnischer Herkunft. Laut Martynova schicken viele Eltern ihre Kinder bevorzugt auf Schulen mit erweitertem Unterricht in den Sprachen und Kulturen der Völker Russlands und der Gemeinschaft Unabhängiger Staaten (GUS). Dabei erhoffen sie sich für ihre Kinder eine gute Bildung und bessere Berufschancen (Martynova 2004, 34).

Die Integrationsphilosophie und Migrationspolitik

Das Besondere an der Situation in Russland im Vergleich zu westeuropäischen Ländern ist, dass der russische Staat von Anfang an ein Vielvölkerstaat war. In Russland sind über 160 ethnische Gruppen vertreten. Rund 80% der Bevölkerung sind Russen, wobei es in Russland auch Gebiete gibt, in denen der Anteil der russischen Bevölkerung wesentlich unter dem landesweiten Durchschnitt liegt. In einigen Gebieten stellen Russen sogar eine Minderheit dar. Darüber hinaus gibt es in Russland eine Vielfalt von Religionsgemeinschaften. Allein in Moskau sind rund 900 religiöse Organisationen aus über 40 Glaubensrichtungen registriert, worunter das Christentum und der Islam die bedeutendsten darstellen. Trotz dieser ethnischen und religiösen Vielfalt in der Russischen Föderation dominiert – wie im Übrigen auch auf dem gesamten Gebiet der ehemaligen UdSSR – die russischsprachige Kultur.

Im modernen Russland wird die Nationalitätenpolitik eher von einem multikulturellen Ansatz her definiert. Multikulturalität impliziert hier – bei aller Vieldeutigkeit dieses Begriffs – das Streben nach einer Gleichberechtigung der verschiedenen Kulturen als Gegengewicht zur Hegemonie einer einzigen Kultur (Martynova 2004, 35).

Eines der wichtigsten offiziellen bildungspolitischen Dokumente ist die sogenannte »Nationale Doktrin der Bildung in der Russischen Föderation« (Ministerstvo obrazovanija 2000). In der Doktrin werden Ziele formuliert, die durch eine grundlegende Strukturreform des Bildungswesens erreicht werden sollten. Traditionell wird die Bedeutung der russischen Sprache für den Erhalt der inneren Einheit Russland unterstrichen, gleichzeitig ist von einer »Harmonisierung der nationalen und ethnischen Beziehungen« und dem »Erhalt der Sprachen und Kulturen aller Völker der russischen Föderation« (Ministerstvo obrazovanija 2000, 16) die Rede, was angesichts der explosiven Situation im Kaukasus einen besonderen Stellenwert hat (Rakhkochkine 2003, 25). In Russland wird die Offenheit sowohl im Unterricht als auch bei der Wiederherstellung der Beziehung der Schule zur außerschulischen Wirklichkeit und schließlich als Organisationsprinzip für das gesamte Schulsystem angestrebt (vgl. ebd., 270). Die Schule soll sich gegenüber der außerschulischen Wirklichkeit öffnen, um die »Möglichkeiten der soziokulturellen Umwelt« in den Bildungsprozessen besser nutzen zu können, wobei diese Möglichkeiten durch die Einrichtung der national-regionalen und schulischen Komponente im Basislehrplan gesichert werden sollen (vgl. ebd., 34). Dementsprechend dienen die ethnokulturellen Schulen dem Ziel, die Bedürfnisse jedes Einzelnen auf dem Bildungsmarkt im Vielvölkerstaat Russland besser zu befriedigen. Gleichzeitig sollen einheitliche Bildungsstandards nicht nur für Chancengleichheit der Schüler an verschiedenen Schulen sorgen, sondern auch für alle Schulen einheitliche Wettbewerbsbedingungen schaffen (vgl. ebd., 274). Wie der Pädagoge Rakhkochkine im Allgemeinen anmerkt, sind Bestrebungen nach Teilprivatisierung und Forderungen nach Chancengleichheit zwei scheinbar widersprüchliche Tendenzen in der russischen Bildungspolitik (vgl. ebd., 274). Er ist außerdem der Meinung, dass eine interessante Kombination von liberalen wirtschaftlichen und technokratischen Gedanken einerseits und der starken Rolle des Staates in Fragen der Bildungsinhalte andererseits die gegenwärtigen Reformkonzepte auszeichnet (vgl. ebd., 30).

An dieser Stelle ist es angebracht, Aussagen einiger Moskauer Pädagogen zur praxisgebundenen Situation mit Multikulturalität im Schulsystem anzuführen. Diese Aussagen spiegeln die aktuelle Diskussion zur Multikulturalität im Bildungswesen Russlands wider (vgl. Ryabzev 2005).

Der Pädagoge Bunimovič meint:

> Der natürlichste Weg ist es, Schüler mit Migrationshintergrund in die übliche allgemein bildende Schule aufzunehmen. Aber nur nach dem Adaptationskurs. Die Schüler sollen über ausreichende Russischkenntnisse verfügen.

Frau Naidenova, Leiterin des Institutes für offene Bildung, merkt an:

> Kinder, die zu einem Kurzzeitaufenthalt in Moskau sind, sollten Schulen bei den Botschaften ihrer Herkunftsländer besuchen. Heute finanziert ihre Schulbildung nicht ihr Herkunftsland, nicht das Unternehmen, das ihre Eltern eingeladen hat und beschäftigt, sondern das Bildungsministerium Moskaus. Dabei sind diese Ausgaben im Haushalt ihres Heimatlandes vorgesehen.

Frau I. Žil'cova, Schulleiterin einer Moskauer Schule und Lehrerin mit einer 40-jährigen Berufserfahrung, meint:

> Kinder sollte man untereinander »vermischen« – alle sollten die gleiche Schule besuchen. Für Lehrer sollte Nationalität und Herkunft eines Kindes unwichtig sein. Spricht ein Schüler schlecht Russisch? Dann soll er lernen. Entsprechende Angebote sind vorhanden. Wenn man einen Förderkurs absolviert hat, dann – willkommen in der allgemein bildenden Mittelschule. Übrigens, die Hälfte unserer ausgezeichneten Schulabsolventen hat einen Migrationshintergrund.

Ausblick

Im vorliegenden Beitrag wurden neue Ansätze ethnokultureller und interkultureller Bildung in der russischen Hauptstadt erläutert. Im Mittelpunkt meines Interesses standen die ethnokulturellen Schulen, die ein Modellprojekt zur Förderung von Toleranz in der Schule darstellen. Die aufgeführten Diskussionsbeiträge verdeutlichen nicht nur die Komplexität des Themas, sondern eröffnen auch einen intensiven Dialog mit ganz neuen Perspektiven und Sichtweisen, sowohl länder- als auch fachübergreifend. Mit dem Modell der ethnokulturellen Schulen setzt sich das russische Bildungssystem zum Ziel, Schüler zu Offenheit und Toleranz gegenüber unterschiedlichen kulturellen, religiösen, weltanschaulichen Wertvorstellungen zu erziehen. Die Umsetzung des Konzepts verläuft nicht reibungslos; es gibt Probleme, die die Alternativansätze hervorrufen. Grundsätzlich ist es wichtig, dass der interkulturelle Bildungsansatz alle Schüler erreicht, und nicht nur einen Teil von ihnen. Nur in diesem Fall kann er einen Sinn haben.

Literatur

Kotov, S. (2007): Opyt postroyenija školy s etnokulturnym komponentom: nekotorye itogi i perspektivy (03.05.2007) http://www.ideologiya.ru/index.php?option=com_content&task=view&id=5631&Itemid=19 (18.09.2007)

Kuljabina, S. (2004): Etnoškoly Moskvy: Pogruženie v atmosferu. In: Gaseta (russische Tageszeitung) vom 01.03.2004

Martynova, M. (2004): Identitäten im Dialog – neue Ansätze ethnokultureller und interkultureller Bildung in Russland. In: Macht Demokratie Schule – macht Schule Demokratie? Soziales Lernen in Deutschland und in Russland. Deutsch-Russischer Austausch e.V., ev. Akademie zu Berlin, Heinrich-Böll-Stiftung (Hrsg.). Berlin, 29-36

Ministerstvo obrazovanija RF (2000): Nacional'naja doktrina obrazovanija v Rossijskoj Federacii. Projekt. In: Narodnoye obrazovanije, 2000, 2, 14-18

Novikova, E. (2005): Tolerantnost' s »podogrevom«. In: Kultura, Nr. 32 (7491), 18-24

Rakhkochkine, A. (2003): Das pädagogische Konzept der Offenheit in internationaler Perspektive. Münster: Waxmann

Ryabzev, A. (2005): Učitel´nica, sadis' ko mne na kalenka, in: »Komsomolskaya pravda« (russische Tageszeitung) (08.12.2005)

Sedov, A. (2006): Kto mešaet detjam migrantov stat' nastojaščimi moskvicami? In: Komsomolskaya pravda (russische Tageszeitung) vom 06.10.2006

Quer gelesen

Jessica M. Löser, Birgit Lütje-Klose, Isabel Sievers
Quer gelesen: Migration und Mehrsprachigkeit im schulischen Kontext – ein international vergleichender Kommentar

Soziokulturelle Vielfalt und Mehrsprachigkeit sind keine neuzeitlichen Phänomene. Schon immer sind Menschen zu neuen Orten, in andere Regionen und Staaten »gewandert« und haben verschiedene Sprachen in eine Region gebracht. Verändert haben sich aber die Bandbreite von Wanderungsbewegungen, ihre Reichweite im Hinblick auf Herkunfts- und Zielländer und die Formen von Mehrsprachigkeit. Diese Veränderungen zeigen sich z. B. in der Existenz von »neuen« Zuwanderungsländern (Italien, Schottland, etc.), die in der Vergangenheit eher durch Auswanderungsbewegungen gekennzeichnet waren, sowie in der zunehmenden soziokulturellen und sprachlichen Vielfalt innerhalb von nationalen Kontexten.

Im Rahmen dieses Beitrages werden neben west- und nordeuropäischen Ländern (Niederlande, Frankreich, Großbritannien, Schweden) und traditionellen Einwanderungsländern (USA, Kanada) auch Länder berücksichtigt, die innerhalb des Migrations- und Integrationsdiskurses in Deutschland bisher wenig Beachtung finden, z. B. Spanien, die Türkei, Russland, Südafrika oder Peru. Festzustellen ist, dass, unabhängig davon welche Länder betrachtet werden, die Phänomene von soziokultureller Vielfalt, Integration und Mehrsprachigkeit heutzutage außerordentlich diversifiziert und fragmentiert erscheinen. Einzelbeiträge, wie sie in diesem Band zusammengestellt wurden, bieten Einblicke in länderspezifische Strukturen und Diskussionen, beispielsweise in Bezug auf den konstruktiven Umgang mit Heterogenität im Unterrichtsalltag oder den Wunsch von Migranten, die Sprache ihrer Herkunft auch an die nächsten Generationen weiterzugeben. Sie spiegeln sehr unterschiedliche Zugänge wider, zeigen gleichzeitig aber auch, dass in den verschiedensten Teilen der Erde trotz unterschiedlichster Rahmenbedingungen ähnliche Themen und Fragestellungen relevant sein können. Die Komplexität der Phänomene hat sich durch die vielfältigen Ansätze der verschiedenen Disziplinen sowie durch ihre Erarbeitung in unterschiedlichen nationalen wissenschaftlichen Forschungstraditionen weiter verstärkt und stellt damit eine Herausforderung für Forscher/innen dar, die die Folgen von Wanderungsbewegungen für die Gesellschaften untersuchen.

Die Bildungssysteme verschiedener Länder reagieren höchst unterschiedlich auf Migrant/innen, und auch ihre Bildungserfolge stellen sich in den einzelnen Ländern unterschiedlich dar. Der Quervergleich im vorliegenden Beitrag hat das Ziel zu verdeutlichen, welche zentralen Strategien, Ähnlichkeiten und Unterschiede den länderspezifischen Diskussionen zu Grunde liegen. Weiterhin geht es darum, die Vor- und Nachteile anderer Systeme, Konzepte oder Beispiele kennenzulernen und die Übertragbarkeit auf andere Länderkontexte abzuwägen. Vergleiche ermöglichen es, aus Fehlern, Reformen und Diskussionen anderer Länder zu lernen, und liefern wertvolle Impulse dafür, die eigenen Ressourcen besser wahrzunehmen und zu nutzen. Hieran schließt sich die Frage an, ob es nationale Integrationsansätze oder -aspekte gibt, die modellhaft für die Diskussion in anderen Ländern und insbesondere in Deutschland richtungsweisend sein könnten.

Herausforderungen bei internationalen Vergleichen

Möchte man den Umgang mit soziokultureller und sprachlicher Vielfalt in verschiedenen Ländern untersuchen und vergleichen, so ergibt sich eine Reihe von Problemen. Die Schwierigkeit liegt unter anderem darin, vergleichende Aussagen zum Umfang der Migration zu treffen, da es keine verbindliche Definition dessen gibt, wer genau als »Migrant/in« einzustufen ist. In einigen Staaten gelten Zugewanderte erst nach einem einjährigen Aufenthalt als Migranten und werden statistisch erst dann als solche ausgewiesen. Andere Länder richten sich nach der tatsächlichen Aufenthaltsdauer, wieder andere danach, wie lange und zu welchem Zweck ein Mensch beabsichtigt, sich im Land aufzuhalten. In EU-Mitgliedsstaaten mit kolonialer Vergangenheit konnten sich Einwanderer aus ehemaligen Kolonien wiederum sehr leicht einbürgern lassen und wurden von keiner Ausländerstatistik erfasst (vgl. Currle 2004).

Ähnlich erschwerend sind bei Vergleichen unterschiedliche historische Einwanderungs- und Integrationskonzepte sowie die Wirtschafts-, Arbeits- und Wohnungsmarktlage der Länder. Zuwanderung in Frankreich und Großbritannien z. B. kann nicht ohne die Rolle und Bedeutung des Kolonialismus und Postkolonialismus und ohne den jeweiligen nationalen Umgang mit diesen Fragen verstanden werden. In Großbritannien haben lange Zeit die Beziehungen zwischen ethnischen Gruppen den Rahmen für diese Debatte gebildet (vgl. Hancock in diesem Band), während in Frankreich Fragen der Migration auf der Grundlage des universell-republikanischen Modells zu Integration und Assimilierung beantwortet wurden (vgl. Sievers in diesem Band).

Gleichzeitig ist es von Bedeutung, ob ein Land zu den klassischen Einwanderungsländern mit langjähriger Erfahrung gehört (wie z. B. Kanada und die USA) (vgl. Löser/Lütje-Klose/Tausch in diesem Band) oder ob es sich um Länder handelt, in denen die Diskussionen um soziokulturelle oder sprachliche Vielfalt in der Form relativ jung sind (z. B. Spanien, Peru, Türkei) (vgl. Peter, Lazarte de Moritz und Canbulat in diesem Band). Die unterschiedlichen Nationalgeschichten und politischen Kontexte in Verbindung mit divergenten wissenschaftlichen Traditionen haben zu verschiedenen Arten des Verständnisses von Kultur, Sprache, Staatsbürgerschaft und Nationalstaatlichkeit geführt. Grundlegende Unterschiede finden sich auch in den einzelnen Bildungssystemen, z. B. wenn es um den Umfang oder die Rolle und Aufgabe der Schule in den einzelnen Ländern geht. Hier nimmt Deutschland[1] seit der Nachkriegszeit eine Sonderstellung ein, denn in kaum einem anderen Land soll die Schule (und indirekt der Staat) so wenig Einfluss auf die Erziehung der Schüler haben wie in Deutschland – eine grundlegende politische Orientierung, die aus den Erfahrungen des Naziregimes resultiert (vgl. Döbert 2004).

Solche unterschiedlichen Rahmenbedingungen sind im Folgenden mitzudenken, denn die nationalen Eigenarten der Länder machen sich nicht nur an politisch-ökonomischen Bedingungen fest, sondern schließen auch die wissenschaftlich-akademischen Bereiche mit ein. Hier ergibt sich unter anderem ein unterschiedliches Verständnis zentraler Begriffe, das die Diskussion innerhalb und zwischen den Ländern prägt: So zeigt Kabis am Beispiel einer internationalen Fachtagung zum Thema »Citizenship in a multicultural society«, wie unterschiedlich Begrifflichkeiten zum Thema Migration und Integration behandelt werden: Während Deutsche und Italiener über Einbürgerung sprachen, dach-

---

[1] Diese Aussagen beziehen sich auf die Entwicklungen im Westen Deutschlands. Nach der Wende hat Ostdeutschland die Strukturen des westdeutschen föderalen Schulsystems übernommen.

ten Franzosen und Belgier an Bürgerrechte, wie beispielsweise das Wahlrecht. Ähnliche Unterschiede im Sprachgebrauch zeigen sich, wenn Niederländer und Deutsche über Integrationspolitik sprechen: Die niederländische »Inburgeringspolitie« bezieht sich auf die Förderung der gesellschaftlichen Teilhabe und meint nicht dasselbe wie die »deutsche« Einbürgerung. Was in Deutschland unter »Integrationsprogramm« und Integrationskursen verstanden wird, ist in den Niederlanden das »Inburgeringsprogram« (Kabis 2006, 3). Vergleichbares lässt sich für Formulierungen innerhalb der erziehungswissenschaftlichen Diskussion feststellen: Ähnlich klingende Begriffe wie *education, éducation, educazione* sind nur scheinbar identisch und müssen insbesondere bei Ländervergleichen mit Vorsicht verwendet werden (vgl. Allemann-Ghionda 2002, 49f.). Die Beispiele machen deutlich, dass neben historisch verschieden gewachsenen Politiken bezüglich Migration, Integration und Bildung auch ein unterschiedliches Begriffsverständnis den Quervergleich erschweren kann.

Der hier folgende Vergleich umfasst ausgewählte Aspekte aus einzelnen nationalen Kontexten, die für die Gesamtfragestellung, wie pädagogisch mit ethnischer und sprachlicher Vielfalt umgegangen wird, in besonderer Weise relevant sind. Hierbei werden sowohl die Unterstützungssysteme als auch der Umgang mit Mehrsprachigkeit und Sprachenpolitik in den verschiedenen Ländern betrachtet.

Unterstützung der Integrationsprozesse und Einbeziehung des Umfelds

Die Frage, welche Unterstützung und Unterstützungsmodelle Bildungssysteme Kindern und Jugendlichen mit Migrationshintergrund und ihren Eltern bieten, ist bisher noch wenig untersucht. Einige Artikel in diesem Band zeigen exemplarisch, wie in einzelnen Ländern und Regionen verfahren wird und dass es erhebliche Unterschiede in Bezug auf die Maßnahmen und Einstellungen zur Integration gibt.

Die Verankerung von interkultureller Bildung kann dabei als ein wesentlicher Teil des Umfeldssystems bewertet werden. In Europa entwickelte sich diese erziehungswissenschaftliche Teildisziplin seit Ende der 1970er Jahre unter den Bezeichnungen Interkulturelle Erziehung bzw. Interkulturelle Bildung. Diese Entwicklung hat in den Europarat Eingang gefunden, wie sich unter anderem in den bildungspolitischen Texten zeigt. 1964 wurden Kinder mit Migrationshintergrund in Deutschland in den Erlassen noch als »Kinder von Ausländern« definiert. Im Jahr 1992 versuchte die Kultusministerkonferenz (KMK) mit der »Erklärung zu Toleranz und Solidarität« den zunehmenden Diskriminierungen und Gewalttaten gegen Migranten entgegenzuwirken (vgl. KMK 1996). Erst 1996 wurde durch die KMK eine Empfehlung zur »Interkulturellen Bildung und Erziehung in der Schule« herausgegeben. In dieser derzeit aktuellen Empfehlung wird formuliert, dass sich alle Kinder mit verschiedenen kulturellen Einstellungen und Praktiken auseinandersetzen sollten und eine wertschätzende Haltung gegenüber unterschiedlichen Kulturen ermöglicht werden sollte (vgl. ebd.).

Die verschiedenen Länder Europas gehen sehr unterschiedlich mit den Empfehlungen des Europarates zur Interkulturellen Erziehung um. In den Niederlanden wurde zum Beispiel an einigen Schulen das Fach »Multikulturelle Bildung« eingeführt, welches durch das Bildungsministerium finanziell gefördert wurde. Dies hat sich jedoch nicht durchgesetzt und ist aktuell nur noch selten in den Schulen vorzufinden (vgl. Elbers in diesem Band). In Frankreich widerspricht die Thematisierung kultureller Differenzen im schulischen Kontext dem Prinzip der *égalité*. Von daher findet dieses Konzept wenig Eingang in die französischen Schulen (vgl. Sievers in diesem Band). Aber auch außerhalb Europas stellt sich die Situation sehr komplex dar: In Peru (vgl. Lazarte in diesem Band) wird beispielsweise deutlich, wie wenig sich die Ausrichtung an einer Interkulturellen Bildung durchsetzt. Die Einrichtung einer Koordinationsstelle für bilinguale und interkulturelle Bildung im peruanischen Bildungsministerium versucht, diesem Trend entgegenzuwirken. Trotzdem unterliegen das Programm und seine Ausrichtung einer starken Kritik, insbesondere da die Mehrheit der Kinder, die eine autochthone Erstsprache sprechen, in ihrer bilingualen Entwicklung nicht berücksichtigt werden.

Zur Relevanz von Unterstützungssystemen

In allen Ländern wird programmatisch die Zielperspektive einer sozialen Integration zu Grunde gelegt. Der »Weg dahin«, also die Form der Umsetzung, ist wesentlich für die hier geführte Diskussion. Im Rahmen dieses Bandes wurden einige Länder dargestellt, die Familien mit Migrationshintergrund mit einer assimilierenden Haltung gegenübertreten. Andere Länder hingegen stellen individuelle kulturelle Entfaltungen in den Vordergrund. Die Politik und die dominierende Gesellschaftshaltung der Gesellschaft haben hierbei einen großen Einfluss. Zwei Beispiele sollen exemplarisch zeigen, wie komplex sich diese Thematik hinsichtlich unterstützender Modelle in verschiedenen Ländern darstellt und wie schwierig es ist, einheitliche Kriterien für Unterstützungssysteme zu finden.

In Frankreich (vgl. Sievers in diesem Band) wird die soziale Integration von Immigranten vor allem durch eine gute schulische Förderung zu erreichen versucht. Die Förderung der französischen Sprache erhält insgesamt einen hohen Stellenwert. Die Einrichtung von einjährigen Vorbereitungsklassen für Kinder und Jugendliche, die aus einem anderen Land einwandern, unterstützt das Erlernen der französischen Sprache. Zwar findet dadurch eine Absonderung von altersgleichen Schülerinnen und Schülern statt, zugleich wird jedoch aufgezeigt, dass die Eingliederung in das französische Schulsystem besser gelingen könnte. Obwohl die Jugendlichen mit Migrationshintergrund vergleichsweise gute Französischkenntnisse vorweisen, folglich die sprachliche Förderung gut zu gelingen scheint, wird die soziale Integration nur bedingt erreicht – wie die immer wiederkehrenden Ausschreitungen z. B. in Pariser Vororten zeigen. Erworbene Kompetenzen in der Landessprache sind damit nicht allein ausreichend für die Integration von Jugendlichen mit Migrationshintergrund.

Ein Beispiel aus Südafrika (vgl. Niedrig in diesem Band) zeigt, dass das Ziel der sozialen Integration und damit einhergehend des sozialen Aufstiegs auch für die Familien eine wichtige Leitorientierung darstellt. Die schulische Förderung der Erstsprache der Kinder entspricht dabei aber nicht zwingend den Vorstellungen der Eltern: Wenn Kompetenzen in der englischen Sprache als wichtig für den sozialen Aufstieg gesehen werden, nimmt für sie die Relevanz eines schulischen Ausbaus der Erstsprache ab. Die Migrantengruppen und aufnehmenden Gesellschaften haben möglicherweise unterschiedliche Erwartungen und Vorstellungen – auch basierend auf den Lebensbedingungen, die sie in dem jeweiligen Land vorfinden.

Unterstützende Maßnahmen zur Integration am Beispiel des Einbezugs und der Unterstützung von Eltern mit Migrationshintergrund

Verschiedene unterstützende Maßnahmen im vorschulischen und schulischen Bereich wurden im internationalen Raum speziell für Kinder und ihre Eltern aus sozial randständigen Bereichen und mit Migrationshintergrund eingeführt, um das Risiko des Schulversagens dieser Kinder zu verringern (vgl. auch Löser/Werning 2008, 9f.). Die Niederlande fallen im Rahmen dieses Bandes durch die besonders frühe Einschulung mit vier Jahren auf (vgl. Elbers in diesem Band). Aber auch darüber hinaus zeigt der Blick in die Niederlande, dass dies eines der ersten Länder ist, das Unterstützungssysteme für die Zusammenarbeit mit Eltern (z. B. die umfangreich evaluierten Programme der aufsuchenden Sozialarbeit Hippy und Ostapje) in großem Umfang ermöglicht hat. Im Vergleich zu Deutschland ist die Frage interessant, welchen Stellenwert die Unterstützung von Kindern mit Migrationshintergrund in anderen Bildungssystemen einnimmt und welche Aspekte in Deutschland diskutiert werden sollen bzw. von welchen Erfahrungen wir lernen könnten. Ausgewählte Projekte (aus den Niederlanden, aber auch aus anderen Ländern) sind mittlerweile für einige deutsche Städte adaptiert worden. Aus unserer Sicht sollten weitere international erfolgreiche Maßnahmen diskutiert und ihre Übertragungsmöglichkeiten überprüft werden.

Aus Untersuchungen an deutschen Schulen ist bekannt, dass häufig assimilierende Tendenzen vorzufinden sind, die eine kulturelle und sprachliche Anpassung der Kinder mit Migrationshintergrund anstreben (vgl. Gogolin 1994). In einzelnen Berichten aus anderen Ländern in diesem Band scheint stattdessen die Anerkennung der Herkunftskulturen und -sprachen der Kinder eine wesentliche Grundlage für das Handeln darzustellen. Gestützt durch verschiedene Forschungsergebnisse (z. B. Cummins u. a. 2006) kann die Anerkennung positive Auswirkungen auf den Lernerfolg und die soziale Integration haben. Das Beispiel Didenheim in Frankreich verdeutlicht ein Schulprojekt, in dem der Einbezug der Herkunftssprachen und auch der unterschiedlichen Kulturen ermöglicht wird. Darüber werden sowohl die Kinder als auch die Eltern erreicht (vgl. Eckert/Young/Hélot in diesem Band). Im Sinne der »Awareness of Language« (Hawkins 1985) wird es ermöglicht, allen Herkunftssprachen in der Klasse denselben Status zu geben und die Familien mit Migrationshintergrund anzuerkennen und besser in den Schulalltag zu integrieren. Ebenfalls scheint dieses Vorgehen auf der unterrichtlichen Ebene im schwedischen Mathematikprojekt gut zu gelingen und positive Wirkungen zu erzielen (vgl. Norén in diesem Band).

Auch das kanadische Beispiel »Settlement Worker in School« stellt ein Programm dar, das sich vor allem an Eltern richtet, die neu nach Kanada eingewandert sind (vgl. Löser in diesem Band). Darüber wird versucht, den Familien frühzeitig Unterstützung zu bieten. Unterstützende Maßnahmen wie diese können hilfreich für die soziale Integration von Migrant/innen sein. An der Schule können Eltern frühzeitig in soziale Netzwerke integriert werden, die sich aus verschiedenen ethnischen Gruppen zusammensetzen. Insbesondere eine gezielte Unterstützung im Ansiedlungsprozess (vgl. ebd.) scheint hilfreich für die Familien zu sein.

Anhand dieser verschiedenen Beispiele lassen sich Maßnahmen für eine gelingende soziale Integration von Kindern mit Migrationshintergrund verdeutlichen. Natürlich muss auch an dieser Stelle die Übertragbarkeit diskutiert und es darf der Kontextbezug nicht außer Acht gelassen werden.

Umgang mit Mehrsprachigkeit, Sprachenpolitik und Sprachförderung

Der Umgang mit Mehrsprachigkeit und unterschiedlichen Sprachkenntnissen von Kindern und Jugendlichen mit Migrationshintergrund in ihren Herkunfts- und den jeweiligen Mehrheitssprachen ist in der bildungspolitischen und der pädagogischen Diskussion der vergangenen Jahre in Deutschland wie in vielen anderen Ländern ein zentrales Thema. Diese Tatsache spiegelt sich auch in einer Reihe von Beiträgen zu diesem Schwerpunkt im vorliegenden Band.

Konzentrieren sich die bildungspolitisch initiierten Fördermaßnahmen in Deutschland in hohem Maße auf die Förderung von Deutsch als Zweitsprache vor allem im vorschulischen Bereich und nehmen im Lauf der Grundschulzeit deutlich ab (vgl. Lütje-Klose 2008), so sind die Maßnahmen in klassischen Einwanderungsländern wie den USA oder Kanada oder auch den neuen Einwanderungsländern Schottland und Schweden weitaus umfangreicher und vielfältiger (vgl. Hancock, Löser/Lütje-Klose/Tausch, Norén in diesem Band).

Auch in Bezug auf den Umgang mit den Herkunftssprachen und der lebensweltlichen Mehrsprachigkeit der Kinder finden sich sehr unterschiedliche Tendenzen. Während z. B. Schottland deutlich auf mehrsprachige Modelle setzt und die Herkunftssprachen gezielt in die Förderung einbezieht (vgl. Hancock in diesem Band), favorisieren die USA wie auch die Niederlande nach einer Phase des starken Ausbaus bilingualer Modelle seit einigen Jahren verstärkt die alleinige Förderung der Schulsprache (vgl. Lütje-Klose/Tausch sowie Elbers in diesem Band). In Russland zeigt sich nach jahrelanger Ignoranz in Bezug auf die autochthonen Sprachen der zahlreichen Minderheiten eine zunehmende Berücksichtigung der Mehrsprachigkeit in den bilingualen Modellen der ethnokulturellen Schulen (vgl. Frik in diesem Band).

Dass die Berücksichtigung der Herkunftssprachen gerade in den USA deutlich zurückgegangen ist, obwohl es besonders in Kalifornien dafür eine umfangreiche Tradition und Infrastruktur gab, ist angesichts der Forschungsergebnisse zu den Erfolgen dieser Modelle (vgl. August/Shanahan 2006) besonders bedauerlich. Diese Entwicklung hat eine Entsprechung in der deutschen Diskussion, wo sich dieselben Argumente für »nur« Deutsch als Zweitsprache finden wie in der »English-only«-Debatte: Die schnelle Assimilation an die Mehrheitssprache bringe mehr Vorteile in Bezug auf die Bildung und den Berufsstatus als die Förderung der Herkunftssprachen; die begrenzten Ressourcen der Schule und die begrenzte Lernzeit der Schüler sollten daher für Förderung in der Mehrheitssprache statt in der Herkunftssprache eingesetzt werden (»time-on-task«-Hypothese, vgl. Esser 2006).

Dagegen argumentieren die Befürworter einer Einbeziehung der Herkunftssprachen in die Förderung in den USA wie in Deutschland unter Verweis auf die Forschungslage, dass die Alphabetisierung der Kinder in ihrer Herkunftssprache eine Zusatzqualifikation darstellt und ihre mehrsprachige Entwicklung fördert, ohne auf Kosten ihrer Leistungen in der Mehrheitssprache zu gehen (vgl. Cummins u. a. 2006; Förmig-Konsortium 2006). In der deutschen Diskussion beziehen sich beide Seiten dabei auf die amerikanischen und anderen internationalen Untersuchungsergebnisse, die jeweils unterschiedlich interpretiert werden.

Die amerikanische Praxis ist wesentlich pragmatischer und weniger dogmatisch als die dortige verhärtete politische Diskussion: Die Schulen entscheiden eigenverantwortlich über ihre Fördermodelle und wählen dabei die Formen aus, die sie für besonders Erfolg versprechend im Hinblick auf die Leistungsentwicklung der Schüler halten. Die Berücksichtigung der Herkunftssprachen ist dabei nicht an durchgängig bilinguale Modelle gebunden, sondern kann in verschiedenen Unterrichtsfächern erfolgen. Dazu bedarf es mehrsprachiger Lehrkräfte und anderen Hilfspersonals in der Schule, eine Bedingung, die im integrativen amerikanischen Schulsystem weitaus häufiger erfüllt ist als im deutschen, trotz neuer Schulgesetze noch immer vorrangig separativ ausgerichteten System (vgl. Lütje-Klose/Tausch in diesem Band).

Dennoch zeigen die berichteten amerikanischen Beispiele, dass die Verpflichtung wirklich aller Schulen, die Förderbedürfnisse mehrsprachiger Kinder ernst zu nehmen, insgesamt gesehen erfolgreich ist. Ein »Versickern« der für die immigrierten Sprachlerner bestimmten Ressourcen im allgemeinen Vertretungsunterricht oder den unterschiedlichsten sonstigen Angeboten, wie es sich in deutschen Schulen immer wieder beobachten lässt, werden Schulen unter solchen Bedingungen im eigenen Interesse vermeiden.

Ausblick

Die hier beschriebenen Aspekte der Einbeziehung des Umfelds und der Unterstützungssysteme sowie des Umgangs mit Mehrsprachigkeit, Sprachenpolitik und Sprachförderung zeichnen sich durch eine international aktuelle Relevanz und hohe Komplexität aus. Es zeigte sich, dass in den verschiedenen Ländern auf den jeweiligen Ebenen unterschiedliche Wege gegangen werden, um die Schülerschaft mit Migrationshintergrund zu integrieren. Die theoretischen Positionen stehen sich häufig konträr gegenüber, wie an der Debatte zum Umgang mit Mehrsprachigkeit verdeutlicht wurde. Es wurde darüber hinaus gezeigt, wie sehr die beschriebenen Schulsysteme von nationalstaatlichen Differenzen geprägt sind.

In diesem Artikel ging es darum, ausgewählte Beispiele aus verschiedenen nationalen Kontexten zu präsentieren. Die aufgezeigten Parallelen, Tendenzen und Unterschiede zeigen, wie wichtig es ist, voneinander zu lernen, insbesondere von gelungenen Beispielen, die sich in der Praxis bewährt haben. Dennoch kann nicht ein »gutes« integrations- und bildungspolitisches Konzept auf alle Länder übertragen werden, nur weil es sich in einem bestimmten Land, in dem bestimmte Bedingungen diese Konzepte zum Erfolg gebracht haben, als sinnvoll erweist. Es ist dabei zu bedenken, dass jedes System aus seiner spezifischen Historie gewachsen ist. Daher muss die Übertragbarkeit der einzelnen dargestellten Ansätze jeweils kritisch hinterfragt werden. Trotz der beschriebenen Einschränkungen sollten die dargestellten positiven Beispiele überprüft werden, inwieweit eine Adaption auf die deutsche Situation möglich ist und ob nicht auch insbesondere die deutsche Diskussion von neuen Anregungen profitieren kann.

Literatur

Allemann-Ghionda, C. (2002): Schule, Bildung und Pluralität. Sechs Fallstudien im europäischen Vergleich. Bern: Peter Lang Verlag, 2. durchgesehene Auflage

August, D./Shanahan, T. (Hrsg.) (2006): Developing literacy in second-language learners. Mahwah, NJ: Laurence Earlbaum Associates Publ.

Cummins, J./u. a. (2006): Community as Curriculum. In: Language Arts, 83 (4), 297-307

Cummins, J./Brown, K./Syers, D. (Hrsg.) (2006): Literacy, Technology, and Diversity: Teaching for Success in Changing Times. Allyn & Bacon

Currle, E. (2004): Migration in Europa. Daten und Hintergründe. Stuttgart: Lucius & Lucius

Diefenbach, H. (2004): Bildungschancen und Bildungs(miss)erfolg von ausländischen Schülern aus Migrantenfamilien im System schulischer Bildung. In: Becker, W./Lauterbach, H. (Hrsg.): Bildung als Privileg? Wiesbaden: VS, 225-249

Esser, H. (2006): Migration, Sprache und Integration. Frankfurt a. M./New York: Campus Verlag

FÖRMIG-Newsletter Mai 2006. http://www.blk-foermig.uni-hamburg.de/cosmea/core/corebase/mediabase/foermig/pdf/Presse/Endfassung_Kampf_um_Sprachfoerderung.pdf (30.11.2008)

Hawkins, E. (1985): Awareness of Language: An Introduction. Cambridge: Cambridge University Press

Kabis, V. (2006): Integrationspolitiken. Ein europäischer Vergleich. In: Isoplan (Hrsg.): Integration in Deutschland – AID, 3/2006, 22. Jg., 3-4

KMK (1996): Empfehlung »Interkulturelle Bildung und Erziehung in der Schule« vom 25. Oktober 1996

Konsortium Bildungsberichterstattung (2006): Bildung in Deutschland. Ein indikatorengestützter Bericht mit einer Analyse zu Bildung und Migration. Bielefeld

Kornmann, R./Kornmann, A. (2003): Erneuter Anstieg der Überrepräsentation ausländischer Kinder in Schulen für Lernbehinderte. Zeitschrift für Heilpädagogik, 54, 286-289

Löser, J. M./Werning, R. (2008): Alle Kinder fördern. Möglichkeiten zur Verringerung des Schulversagens-eine internationale Perspektive. In: Lernende Schule, 41, 11, 8-11

Lütje-Klose, B. (2008): Prävention von Sprach- und Lernstörungen bei mehrsprachigen Kindern mit Migrationshintergrund. Ausgewählte Ergebnisse eines Forschungsprojekts zur vorschulischen Sprachförderung. Erscheint in: Dirim, I./Mecheril, P. (Hrsg.): Migration und Bildung. Wissenschaftliche Kontroversen. Münster: Waxmann

OECD (2006): Wo haben Schüler mit Migrationshintergrund die größten Erfolgschancen: Eine vergleichende Analyse von Leistung und Engagement in PISA 2003. www.oecd.org/dataoecd/2/57/36665235.pdf (28.08.2007)

Reich, H./Roth, H. J./u. a. (2002): Spracherwerb zweisprachig aufwachsender Kinder und Jugendlicher. Ein Überblick über den Stand der nationalen und internationalen Forschung. Hamburg: Behörde für Bildung und Sport

Stanat, P./Christensen, G. (2006): Schulerfolg von Jugendlichen mit Migrationshintergrund im internationalen Vergleich. Berlin: OECD/BMBF Bildungsforschung Band 19

Die Autorinnen und Autoren

Mehmet Canbulat, Dr. phil., Dozent an der Izzet Baysal Universität in Bolu, Türkei.

İnci Dirim, Prof. Dr., Universität Hamburg, Fakultät für Erziehungswissenschaft, Psychologie und Bewegungswissenschaft, Sektion für Allgemeine, International und Interkulturell Vergleichende Erziehungswissenschaft. Arbeitsschwerpunkte: Sprachstandsdiagnostik, Sprachförderung, Deutsch als Zweitsprache und Mehrsprachigkeit in der Migrationsgesellschaft, Interkulturelles Lernen.

Natalie Eckert, Erstes Staatsexamen für das Lehramt an Grund-, Haupt- und Realschulen, derzeit Lehramtsanwärterin an der Grundschule Egestorffschule in Hannover.

Ed Elbers, Professor für Kommunikation, Kognition und Kultur im Fachbereich Erziehungswissenschaften der Universität Utrecht, Niederlande.

Olga Frik, Dr. phil., Dozentin für DaF, ISK, Hannover.

Andy Hancock, Lecturer in Education, University of Edinburgh.

Katrin Hauenschild, Prof. Dr., Universität Hildesheim, Institut für Grundschuldidaktik und Sachunterricht. Arbeitsschwerpunkte: Integrative Lern- und Studienbereiche der Grundschuldidaktik und der Didaktik des Sachunterrichts, Bildung für Nachhaltige Entwicklung/Umweltbildung, Inter-/Transkulturelle Bildung, Kindheitsforschung, Lehr-Lernforschung.

Christine Hélot, Professorin am IUFM (Institut Universitaire de Formation des Maîtres) d'Alsace der Universität von Straßburg.

Liliana Lazarte de Moritz, Dipl. Päd. Sonderpädagogik.

Jessica M. Löser, Wissenschaftliche Mitarbeiterin, Leibniz Universität Hannover, Institut für Sonderpädagogik, Abteilung Pädagogik bei Lernbeeinträchtigungen. Arbeitsschwerpunkte: International vergleichende Sonderpädagogik und Erziehungswissenschaft, Inclusive Education, Interkulturelles Lernen.

Birgit Lütje-Klose, Prof. Dr., Universität Bielefeld, Fakultät für Erziehungswissenschaft, AG 3: Theorie der Grund- und Förderschule. Arbeitsschwerpunkte: Integrative und sonderpädagogische Didaktik, Sprachdiagnostik und Sprachförderung für Kinder mit Sprachbeeinträchtigungen und für mehrsprachige Kinder, Whole Language Approach, international vergleichende Sonderpädagogik.

Heike Niedrig, Dr. phil., B.A. (African Languages, University of South Africa), Wissenschaftliche Assistentin an der Fakultät für Erziehungswissenschaft, Psychologie und Bewegungswissenschaft, Sektion für Allgemeine, International und Interkulturell Vergleichende Erziehungswissenschaft an der Universität Hamburg.

Eva Norén, Ph.D. Student and Junior Lecturer at Stockholm University, Department of Mathematics and Science Education.

Silja Peter, Grund-, Haupt- und Realschullehrerin, Lehrerin für Deutsch und Kunst in Madrid.

Isabel Sievers, Wissenschaftliche Mitarbeiterin und Koordinatorin des interdisziplinären Studien- und Forschungsbereichs Interpäd (Interkulturelle Pädagogik) an der Leibniz Universität Hannover. Arbeitsschwerpunkte: Soziokulturelle Vielfalt und Bildung (in Deutschland und Frankreich), international vergleichende Erziehungswissenschaft, soziokulturelle Kompetenzen erfolgreicher Personen mit Migrationshintergrund, Interkulturelles Lernen.

Christina Tausch, Dipl. Päd., Doktorandin am Institut Communication Sciences and Disorders der Louisiana State University in Baton Rouge.

Andrea Young, Dr., Dozentin am IUFM (Institut Universitaire de Formation des Maîtres) d'Alsace der Universität von Straßburg.